CAPA
Jovem dançando no baile soul no Mourisco, em Botafogo, em 1976
Agência O Globo

PÁG. ANTERIOR
Baile Black Rio (Paulo Moreira)
Agência O Globo

À DIREITA
Jovens do movimento Black Rio (Almir Veiga)
Acervo Jornal do Brasil

ABAIXO
O pisante ou Cavalo de Aço era um adereço fundamental do movimento Black Rio (Almir Veiga)
Acervo Jornal do Brasil

PRÓXIMA PÁG.
Jovem observa um pisante conhecido como Cavalo de Aço (Almir Veiga)
Acervo Jornal do Brasil

ACIMA
Jovens do movimento Black Rio exibem o seu gingado nas ruas do Rio de Janeiro (Almir Veiga)
Acervo Jornal do Brasil

PRÓXIMA PÁG. ACIMA
James Brown ao centro, com o pandeiro, observado por Wilson Simonal, de óculos escuros, no Aeroporto de Congonhas, em São Paulo, 1973.
Acervo UH/Folhapress

PRÓXIMA PÁG. ABAIXO
Grupo fazendo um cumprimento black (Almir Veiga)
Acervo Jornal do Brasil

BRA

PÁG. ANTERIOR ACIMA
O estilo do movimento Black, dos pés à cabeça: boina, óculos, cachimbo, cachecol, calça boca de sino e pisante (Almir Veiga)
Acervo Jornal do Brasil

ACIMA E PÁG. ANTERIOR ABAIXO
A roda era o momento máximo do baile, onde o dançarino mostrava seus dotes e o DJ se realizava (Almir Veiga)
Acevo Jornal do Brasil

À ESQUERA
Duas lendas do movimento Black Rio, Mister Funk Santos, de blusa preta, e Dom Filó
Arquivo Dom Filó

PRÓXIMA PÁG.
Luizinho Disc Jóquei observando os jovens discotecando (Almir Veiga)
Acervo Jornal do Brasil

TOPS
SOUL GRAND

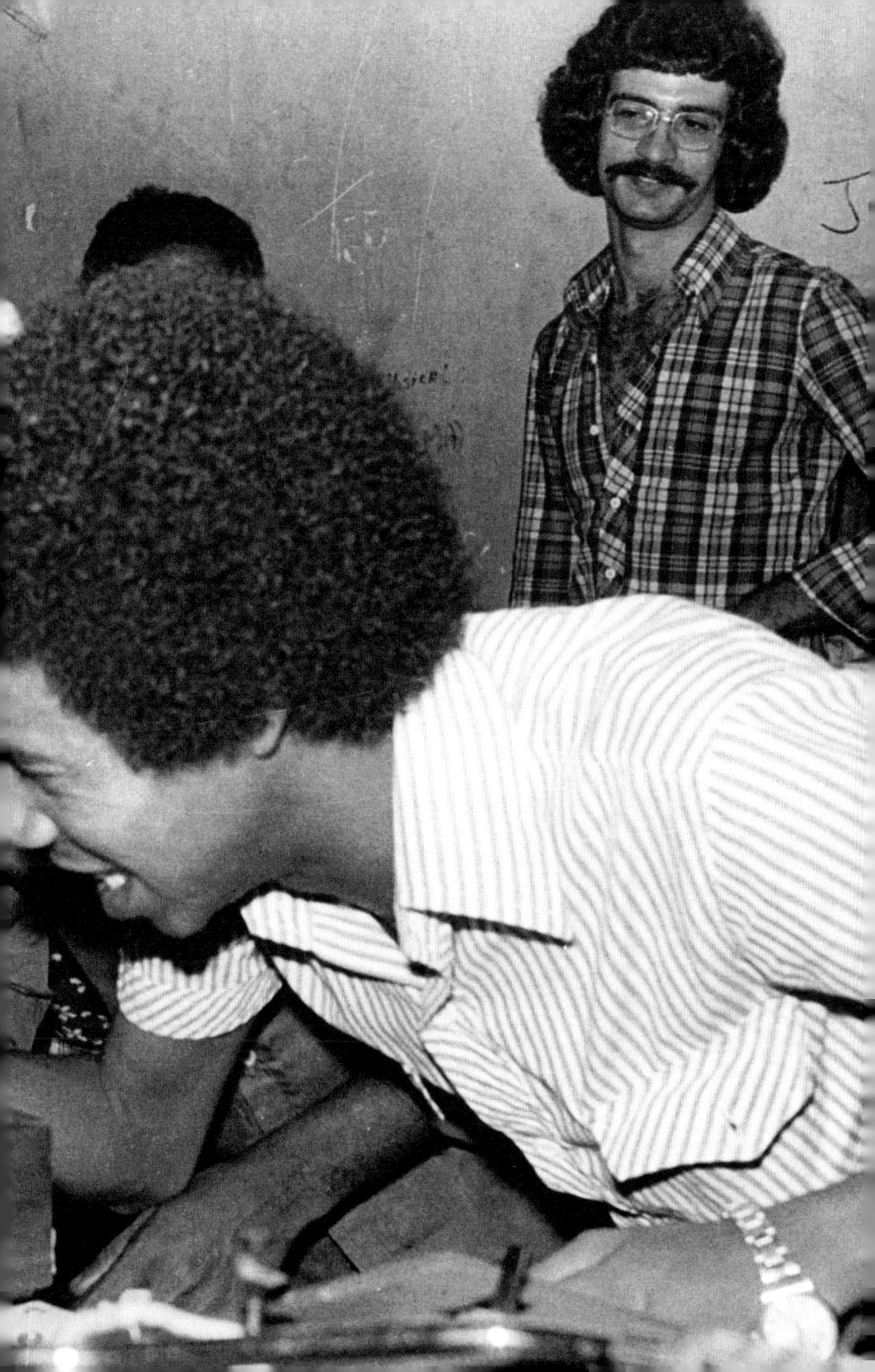

JORNAL DO BRASIL

Rio de Janeiro ☐ Sábado, 17 de julho de 1976

CADERNO B

Selo na contracapa do disco Black Power, Only Soul, lançado pela Tapecar Gravações, com o aviso limited edition

O ORGULHO (IMPORTADO) DE SER NEGRO NO BRASIL

BLACK RIO

Lena Frias ☐ *Fotos de*

cidade de cultura própria
volve-se dentro do Rio. Uma
e que cresce e assume
terísticas muito específicas. Cidade
Rio, de modo geral, desconhece
nora. Ou porque o Rio só sabe
hecer os uniformes e os clichês, as
e os modismos da Zona Sul; ou
e prefere ignorar ou minimizar
cidade absolutamente singular e
cada, classificando-a no arquivo
mpromissado do modismo; ou
e considera mais prudente
á-la na sua inquietante realidade.
a população que não tem samba e
da entre as suas manifestações
anas e folclóricas. Embora possa
ostar de samba e de feijoada como
uer estrangeiro gosta. Uma
ação cujos olhos e cujos interesses
n-se para modelos nada brasileiros.
ação que forma uma cidade móvel,
entro se desloca permanentemente
a está em Colégio, onde fica o
Coleginho, considerado um dos
iros templos do **soul**, ora em Irajá,
n Marechal Hermes ou em Rocha
da, ora em Nilópolis ou na
a. Cujos pontos de encontro e
cisão são as calçadas do Grande
m Madureira ou no Calçadão,
axias; em Vilar dos Teles ou na Rua
de Setembro, no Centro do Rio.
cidade cujos habitantes se
lam a si mesmos de **blacks** ou de
s; cujo hino é uma canção de
s Brown ou uma música dos
byrds; cuja bíblia é **Wattstax**, a
apartida negra de Woodstok; cuja
agem incorporou palavras como
er e **white**; cuja bandeira traz
pada a figura de James Brown ou
ff Thomas, de Marva Whitney ou
ollins; cujo lema é **I am somebody**;
modelo é o negro americano, cujos
s copiam, embora sobre a cópia já
em originalidades. Uma população
ão bebe nem usa drogas, que
cuidadosamente conflitos e que
íne nos finais de semana em
s por todo o Grande Rio.

oul power, fenômeno sociológico
ais instigantes já registrados no
Um fenômeno que ninguém, até
, sabe explicar exatamente como
ou. Sabe-se apenas que reúne
s pretos e raros brancos (estes,
equentam habitualmente os
, são sempre pessoas de classe
modesta). "A gente bota uns
s escuros, um chapelão, um
diferente, lascado atrás, um
branco e uma gravatinha
leta, um casacão até o pé. Fica
ando atenção. É como a gente
Calça tem que ser de boca
ta, na cintura, nada de calcinha
cota. Domingo, o ônibus que eu
na Presidente Vargas pra ir ao
no Grajaú só tem **black**. A gente
conhece." Hélio de Oliveira, de
os, é contínuo e mora em
epaguá. "O pessoal lá de casa
do samba, mas eu, sinceramente,
e amarre não." Ele é uma figura

Um ar de Harlem nos muros de Brás de Pina (Zona Norte do Rio), cobertos de *slogans* (em inglês) e de avisos das alegres equipes

ou de catalizador do fenômeno. **Soul** hoje, no Grande Rio, é um sinônimo de negro, como **rock** é sinônimo de branco. Por que você dança **soul**? "Eu não sei explicar. É meu. É **black**. Vem do sangue e do coração" — essa a resposta mais comum recolhida entre os dançarinos, em sua maciça maioria, jovens entre 14 e 20 e poucos anos. Não estou vendo brancos por aqui, qual é a razão disso? "Não sei, você vai a baile de roqueiro e não vê preto".

"O **soul black** está um movimento fantástico, entusiasma-se o discotecário Ademir Lemos, branco, produtor do primeiro elepê do Equipe Soul Grand Prix (que entra com o nome e ganha um cruzeiro com elepê editado. As faixas

ritmicamente pelo público de ginásios lotados num sussurro, num murmúrio, num ruído surdo e homogêneo. Isso apesar de James Brown estar um pouco desgastado pela repetição excessiva de suas canções nas festas, ao longo de três anos (desde 1973)."

Os bailes já alcançaram as quadras das escolas de sambas. Na Portela realizou-se um encontro de **blacks**, ano passado. No Império Serrano os bailes já estão praticamente incorporados ao calendário. Começam também a abrir-se caminhos para o **show business**. Monsieur Limá, discotecário e empresário de bailes tem um programa de televisão que, a cada sábado, puxa mais para o **soul**, inclusive apresentando grupos de dançarinos. E Nirto já pensa

paulista **Four Seasons**. A finalidade da **Four Seasons** é empresariar a vinda ao Brasil de artistas negros norte-americanos ligados a **The Sound of Philadelphia**. Archie Bell ganhará 10 mil dólares, livres de despesas, por apresentação, segundo informações da CBS, sua gravadora. Vão fazer 17 apresentações, junto com a Soul Grand Prix. Que, com a vinda de Archie Bell inaugura uma nova forma de apresentação: **soul music** em disco, alternando com apresentações ao vivo. Proximamente, a Soul Grand Prix pretende lançar **soul** com artistas brasileiros, dentro desse mesmo esquema. Mas a festa de particular importancia para o **soul power** é a do dia 31 de julho, no Mourisco, em Botafogo,

para a primeira apreser
Archie Bell & the Drell
não se sabe exatamente
mas que deve ser no M
Em quase todas as festa
sorteios, prêmios: sapat
boinas, pequenas quant
dinheiro entre os melho
Desta vez, a premiação
o **black** mais parecido
Hayes, um dos papas a
ganhará de presente um
de poupança. Ainda pa
2º Grand Rio, hoje, no
Clube, onde estará reun
soul, segundo os dizere
distribuídos em bailes:
Boy, Boot Power, Toni
Monsieur Limá, Soul G
Ademir Disco Show. E

BLACK RIO NOS ANOS 70:

A GRANDE ÁFRICA SOUL

ANDRÉ DINIZ

nyla EDITORA

À memória dos endiabrados soulmen: Marcos Romão, ativista do movimento negro, Arthur Maia, baixista; DJ Paulo Márcio, ou Scooby, e Tibério Gaspar, compositor, o homem da "BR-3" e de "Sá Marina." Amigos queridos dançando e cantando em outros territórios.

Criada em 2013, a lei de incentivo à cultura da cidade do Rio de Janeiro é o maior mecanismo de incentivo municipal do país em volume de recursos. No ano de 2021, atualizamos os procedimentos para torná-la ainda mais democrática e mais simplificada. O Rio de Janeiro possui uma produção cultural diversa e que é decisiva para o seu desenvolvimento e para o bem-estar da população. Nossa lei, carinhosamente apelidada de Lei do ISS, é um de nossos mecanismos de fomento que buscam estimular o encontro da produção cultural com a população.

SECRETARIA MUNICIPAL DE CULTURA DO RIO DE JANEIRO

Rio PREFEITURA | CULTURA

O RIO SEMPRE FOI BLACK

Jorge Luiz Barbosa*

A obra que temos a honra de prefaciar se origina de uma Tese de Doutoramento defendida (e aprovada com louvor) no Programa de Pós-graduação em Geografia da Universidade Federal Fluminense. Seu título *Black Rio nos anos 70: a Grande África Soul* já anuncia o tema,o lugar e os sujeitos que entram no compasso da escrita de seu autor.

Sem abrir mão dos rigores das argumentações críticas fundamentadas em uma ampla pesquisa bibliográfica e documental, André Diniz reúne eventos e personagens para reconstruir cenas de soul music na cidade do Rio de Janeiro. O retorno aos bailes dos clubes dos subúrbios cariocas refaz geografias de celebrações da estética soul, cujos autores principais são jovens negros e negras em afirmação de estilos de viver desejos, alegrias e atitudes corporificadas. O estilo de apresentação de si com outros sempre teve suas marcações emblemáticas. O corte black power dos cabelos, os modelos das roupas e a exuberância dos sapatos eram tão importantes para compor o repertório de ser soul como as músicas e o modo encantado de bailar.

Iniciado no final dos 1960 e alcançando seu apogeu na década 1970, a Soul Music emerge com a marca negra emblemática no Clube Astória do Catumbi, nos bailes animados do Mister Funky Santos, embora já presente nas salas e quintais de subúrbios ao reunir pequenos grupos jovens negros e negras para ouvir e dançar música americana. Logo transbordaria pelos clubes do Andaraí, Vila Isabel, Méier, Olaria, Penha

Irajá, Rocha Miranda (...) seguindo os trilhos dos trens ou as pistas da avenida Brasil. Assim como se multiplicavam em bairros das cidades da Baixada Fluminense, Niterói e São Gonçalo, compreendendo mais de 100 *templos de Soul* (com suas multidões dançantes) na metrópole do Rio de Janeiro.

Nas noites de sextas, sábados e domingos eram festejados os encontros de transatlânticos da estética soul reinventada no espaço urbano metropolitano. DJ's e suas equipes faziam as paredes dos clubes sacudirem. Dançarinos e dançarinas levitavam com seus passes mágicos pelos salões. E a imensa multidão de jovens a circular em suas elegâncias e suas belezas pelos bailes. Se James Brown era o ícone máximo e incontestável, não podemos deixar escapar o contexto da expansão das lutas pelos direitos civis de enfrentamento da discriminação racial nos Estado Unidos. Entre nós emergiam os jovens negros e negras que buscavam sair da invisibilidade sociopolítica imposta pelo racismo visceral da sociedade brasileira. Soul significava uma estética de atitude que marcava as juventudes negras como protagonistas de sua própria história.

André Diniz atende a convocação do filósofo alemão Walter Benjamim aos intelectuais de seu tempo e aos da atualidade: *retirar o passado do esquecimento*. Cada página deste livro se faz com uma escrita a contrapelo para outros mapas da memória. Os diálogos com seus entrevistados trazem o cuidado da escuta para o desvelamento de um movimento estético vigoroso em pleno período da ditadura civil-militar que se impôs ao país durante 21 anos. É com esta senha que são identificados os itinerários do black soul na cidade como cultura a exigir liberdade de expressão e de apresentação de sujeitos sociais violentamente discriminados.

O enredo do livro deve ser acompanhado com muita atenção, uma vez que é portador de detalhes da maior importância, incluindo o mapeamento de uma rede criativa de economia envolvendo a cultura soul na cidade. Do aparato para realização dos bailes à artesania de roupas e sapatos, passando pela organização de bandas profissionais e gravação de discos em empresas multinacionais, surgia uma experiência potente e ousada de um circuito de *black money*.

A ascensão da cultura soul foi rápida e maravilhosamente contagiante. Gerações inteiras dançaram o "brown". Desafiaram a cidade simplesmente com sua presença massiva na rua. E não porque eram "panteras negras" ou dissidentes radicais da "democracia racial". Eram jovens. Eram negros e negras. Todos vestidos para fazer vibrar seu orgulho de ser black e a beleza soul de serem sujeitos livres.

Não tardou que as nuvens de chumbo da Ditadura viessem a cair sobre os bailes. Não demoraria também que as organizações corporativas da mídia encontrassem um adversário à ordem ideológica hegemônica para demolir. Com os bailes silenciados e corporeidades negadas, o limbo seria o endereço do Soul? Não. Ainda não. Podemos dizer que temos mais de 50 anos de Soul para contar, se quisermos ter como referência o Baile do Astória. Temos muitas geografias do Soul para desvendar. Leia esta obra que André Diniz presenteia a todos e a todas nós!

E, como diz o ditado: quem é vivo sempre aparece! Nos Bailes de Charme e Funk, nas Rodas de Rima, nas Cenas de Slam (...) o Soul revive a magia de sua força estética e a representatividade política da juventude negra urbana, carioca e brasileira. **O Rio sempre será Black!**

* Professor Titular do Programa de Pós-Graduação e do Departamento de Geografia da Universidade Federal Fluminense.

UM TREM PARA ALÉM DOS TRILHOS

Clementino Luiz de Jesus Junior*

Os trilhos que carregam irregularmente a massa humana periférica - que move a roda da cidade partida do Rio de Janeiro - há meio século desenhava o mapa imaginário de um movimento. Não era formalmente um "movimento social" como tantos que foram desmobilizados durante o regime militar - para não usar outro termo mais apropriado -, mas dava todo o significado a um movimento cultural. Um movimento cultural preto e periférico. Um tema que vivenciei na infância através de minhas idas todo final de semana para Anchieta e Realengo vendo portas de clubes lotadas de "gente como eu", vendo os blacks nas cabeças de minha mãe e minhas irmãs abandonando a "doutrina" do "alisamento social". Esse tema que revivi, a partir da pesquisa do doutorado em geografia de André Diniz com a qual tive contato durante o convite para embarcar nesse trem de retorno ao nosso *afro centro* e que batizamos como o documentário *Trem do Soul*.

Em encontros deliciosos regados a boas comidas, bebidas e papos, onde a música se apresentava como conceito e guia para entendermos a dimensão de encontro com uma nova identidade negra, eu e André trabalhamos em dois ramais que corriam em paralelo, até chegar na estação de transferência entre as linhas e seguirem para regiões diferentes. A mesma história, contada pela população preta que viveu esse movimento e observada por nós em janelas de linhas e vagões distintos.

Muitas metáforas podem ser criadas entre o mapa dos bailes que coincidem com as principais linhas de trem, que não era o transporte preferencial dos *Blacks Brothers & Sisters*, e sobre como em "ramais diferentes", da linguagem das letras e do audiovisual, pudemos ilustrar recortes de uma identidade periférica, diaspórica e estética que ousou se expor num dos momentos de maior apagamento e silenciamento histórico de qualquer expressão de liberdade.

A pesquisa de André Diniz, sobre a orientação precisa do professor Jorge Luiz Barbosa, traz a dimensão cultural e territorial do movimento Black Rio, analisando todo o impacto social e econômico ocorrido na região metropolitana do Rio de Janeiro durante a década de 1970. Cultura e território em permanente movimento e ressignificação a cada passo, a cada bailado, na permanente troca de figurino a cada final de semana, em um momento em que o *selfie* da população preta e suburbana não era em *smartphones* e espelho, era no olhar afetuoso ou crítico de terceiros. O diálogo com o inglês da música Soul norte-americana e o pretuguês mencionado por Lélia Gonzales, os conflitos e confluências de seus principais músicos e porta-vozes com as estrelas da música popular brasileira, a divisão dos clubes e dos quintais com o samba, nos traz a percepção de como tudo isso estimulou e foi estimulado por uma reorganização do MNU - Movimento Negro Unificado - e deu consistência a esse breve respiro de atitude preta em meio às inúmeras opressões e repressões que vivemos, infelizmente, até o presente momento.

Em nossas trajetórias para contar essa história em duas linguagens distintas, olhamos juntos o mapa da cidade desenhado pelos clubes sociais do subúrbio, alguns até então voltados para outras atividades e eventos musicais de outros gêneros, e que a partir desta juventude emergente e urgente - emulando o formato criado pelo baile do *Big Boy* dando preferência à música Soul - transformam o Clube Astoria na "ponta-seca do compasso", ampliando essa espiral para as extremidades da linha férrea, seguindo um trajeto que lembra a lúdica narrativa de Nei Lopes no livro-disco *Guimbaustrilho*. Neste novo trajeto, adolescentes pretos e periféricos vieram a região da antiga Praça Onze de Tia Ciata buscar nas caixas de som de Mr. Funky Santos a inspiração do que o autor denomina "Grande África Soul" para dançar, se ver, se identificar, e perceber que poderiam também trazer para suas vizinhanças os vinis e a vontade de compartilhar com os seus cada descoberta e cada lançamento. O caminho de volta em direção à Santa Cruz e à Baixada pelos trilhos da Central do Brasil, que tanto guiou as rotas do samba e do carnaval, ou das barcas e da Ponte Rio-Niterói criando um atalho para outros polos da região metropolitana, traça a cartografia de como uma economia pensada a partir da periferia pode apresentar estratégias de sobrevivência em um período onde pessoas pretas nas ruas sem carteira de identidade poderiam sofrer retaliações, mas unidos em número e por uma "identidade maior" ditavam onde e como queriam transitar.

A escrita de Diniz torna a pesquisa acadêmica mais suave para o diálogo com o leitor, sem perder o rigor e o compromisso de dialogar com a memória oral, os documentos públicos e da imprensa e conceitos presentes no campo do território, da cultura, vendo o subúrbio e as heranças africanas como potências na construção desse movimento, cujo apogeu sofreu um "revés", como afirma Dom Filó, com apoio do estado para importar o movimento Disco e diluir a identidade e orgulho negro construídos desde o punho erguido de Tony Tornado, à "Maria Fumaça", da Banda Black Rio. Da Noite do Shaft no Renascença Clube, refrão "swingado" de Gerson King Combo. Do Catumbi à Guadalupe com parada em Rocha Miranda. Do "Réu Confesso", na voz de Tim Maia, ao "Pra que vou recordar o que chorei", de Carlos Dafé. Das adolescentes Lurdinha e Cássia dançando nos bailes, e os irmãos Neném e Corello operando as pick-ups. Esses e tantos nomes com maior ou menor destaque lotando esse trem atemporal, onde ainda correm corações e mentes, onde os sapatos deslizam, e onde nossa presença fala muito além das horas que dançaremos juntos nesse trajeto. O piloto André Diniz chama para o embarque. *Mind the gap* e *viva o Soul.*

* Cineasta, doutorando e mestre em Educação, pesquisador do GEASur – Grupo de Estudos em Educação Ambiental desde el Sur, Fundador do CAN – Cineclube Atlântico Negro e do CineGEASur, e realizador do documentário *Trem do Soul.*

AGRADECIMENTOS

Todo ato de escrever é, necessariamente, um ato coletivo. Somos tomados de paixão pelo tema, pelo fenômeno social, com uma carga de complexidades que, em alguns casos, fica difícil manter a reservada distância de pesquisador. Escrever este livro me fez lembrar a minha adolescência no centro da cidade de Niterói. Ainda muito novo, ia meio escondido para o Clube Canto do Rio (a foto da capa do livro sobre o funk do antropólogo Hermano Vianna é justamente lá) tentar burlar a segurança dos bailes que aconteciam aos domingos à noite. Vez por outra ia ainda mais longe, guiado pelos meus vizinhos de porta, Fábio e Jonas de Jesus, ambos estimulados pelo DJ Paulo Márcio, o Scooby. Íamos para a cidade de São Gonçalo, no clube Pacheco. Quem fazia esse trajeto com frequência, com o próprio DJ Scooby, era outro vizinho que ficaria famoso na história do funk, recebendo a alcunha da longa distância percorrida até a terra de Marlboro: DJ Marlboro. À época nem podia imaginar que aquelas festas black, primeiro de soul e depois de funk, seriam a matéria-prima da minha pesquisa de doutorado. Já curtia o "permitido" samba carioca, mas as tentativas de frequentar as domingueiras de "confusão" nos dois clubes eram sempre lembradas pelos mais velhos como território proibido. Fui, dancei, brinquei, e o fato de decidir hoje contar um pouco dessa história guarda forte relação com isso.

A interação e as amizades que nasceram com as pessoas que ajudaram na construção deste livro me deixaram marcas de solidariedade extremamente gratificantes em tempos sombrios do nosso país. São muitos os meus agradecimentos e, desde já, eles eximem de cada uma das generosas contribuições os erros que permanecerem ao final deste trabalho originalmente acadêmico.

Meus agradecimentos às pesquisadoras Ana Machado, Ana Thereza de Andrade Barbosa e Eduarda Oliveira – jovens intelectuais que me ajudaram muito nas pesquisas em jornais, nas entrevistas e no extenso levantamento iconográfico; à geografa Nadhine Hentzy Stellet da Silva, pela feitura dos mapas; à Luiza Leite Ferreira, que é um anjo que caiu do céu para azeitar todas as normas acadêmicas e estilísticas que passam em branco; à Juliana Carneiro, professora da nossa querida Universidade Federal Fluminense, amiga histórica, obrigado pelas dicas de como lidar metodologicamente com as entrevistas; meus agradecimentos a Luiz Antonio Simas, amigo de ótimo papo, uma enciclopédia quando o assunto é cultura afro-brasileira; a outro amigo de vida e de muitas histórias, Diogo Cunha, que deixou de ser meu aluno na graduação na Cândido Mendes para virar coautor de alguns trabalhos que lançamos sobre o samba e o carnaval, meu muito obrigado pelas observações pertinentes. O homem é um catálogo de fontes e datas! Para Juliana Lins, amiga e coautora de livros infantojuvenis sobre música, meus agradecimentos pela árdua tarefa de tornar a tese um texto mais palatável para quem lê. Ao queridíssimo mestre Nei Lopes, obrigado pelas dicas sobre a roda na cultura afro.

Às entrevistadas e aos entrevistados, fica aqui um beijo afetuoso para todos e, em especial, para aqueles que já partiram deste mundo. Nem sei como agradecer o tempo e o carinho dedicados ao nosso trabalho. Cheguei devagarinho, tímido, meio admirador e meio pesquisador, junto desses artistas que fizeram o primeiro grande movimento musical de massa da juventude negra no país. A acolhida não poderia ser melhor. Meus agradecimentos às dançarinas Mônica Andrea de Oliveira, Maria de Lourdes Pereira Santos, a Lurdinha, Cássia Lopes, Francinice Cardoso Conceição, Francisca Cardoso – todos os depoimentos foram colhidos pelo querido diretor do filme *Trem do Soul*, Clementino Júnior, do qual tive o privilégio de ser um dos pesquisadores, e agora tenho o prazer de tê-lo apresentando o livro; ao DJ Neném, ao dançarino Zezzynho Andrade, ao empresário Rômulo Costa, ao DJ Marcell, ao DJ Jaime França, ao DJ Paulinho Black Power, ao DJ Sir Dema, ao compositor e cantor Gerson King Combo, ao DJ

Carlinhos Marambaia, ao compositor Marquinho de Oswaldo Cruz, ao DJ Acir da COVA, ao DJ Marcão Cash Box, ao cantor e compositor Carlos Dafé, ao DJ Carlos Machado, conhecido como Nazz, ao DJ Funk Gil, ao DJ e dançarino Jailson da Silveira Silva, meus eternos agradecimentos.

Não poderia deixar de agradecer aos dois professores doutores que me acompanharam praticamente desde o início do doutorado, fazendo excelentes observações em um texto incipiente que ganhou força após os seus comentários: Ivaldo Gonçalves de Lima e Aureanice de Mello Corrêa.

Um agradecimento especialíssimo ao professor Jorge Luiz Barbosa. Jorge é daqueles intelectuais, ao estilo do pedagogo Paulo Freire, para quem o conhecimento só vale a pena se puder ser compartilhado, se puder transformar efetivamente a vida daqueles que mais precisam na sociedade de garantias de direitos. Sua solidariedade e generosidade ultrapassam a relação orientador/orientando e entram no campo da amizade e do companheirismo. Meu muito obrigado por tudo e, em particular, pelo dedicado prefácio.

À Universidade Federal Fluminense, nossa UFF, com seus funcionários, professores, amigas e amigos, companheiros e companheiras de cursos e de luta por uma sociedade mais justa, valeu pela acolhida desde a minha graduação em história, em 1994, até meu doutorado no Departamento de Pós-graduação em Geografia.

Um outro agradecimento especial vai para o então prefeito de Niterói, o amigo Rodrigo Neves, gestor que me ensinou que só vale a pena ser figura pública se pudermos melhorar a vida daqueles que mais precisam do poder público. Como gestor do seu governo, ausentei-me em alguns momentos de reunião, já no puro desespero, para terminar a tese de doutorado que agora transformo em livro. Obrigado pelo carinho e pela compreensão daquele momento importante da minha vida.

Ao jornalista e DJ Zé Octávio Sebadelhe, deixo meu carinho e agradecimento pela generosidade de rever minhas informações sobre o movimento Black Rio e, claro, me proporcionar o privilégio de tê-lo na quarta capa do livro. Seu excelente trabalho, *1976, movimento Black Rio*, em parceria com Luiz Felipe de Lima Peixoto, foi fonte indispensável para este livro. O mesmo agradecimento afetuoso dedico ao mestre Filó, o Dom Filó, um dos maiores nomes do movimento da

Black Rio, pelas suas observações pertinentes, pelo carinho de ceder suas imagens e pela luxuosa *playlist* da Noite do Shaft no Renascença Clube confeccionada exclusivamente para nosso livro; obrigado pelas dúvidas esclarecidas durante este longo percurso. À querida jornalista Flávia Oliveira meus agradecimentos por arrumar um tempinho em sua agenda tão requisitada para ler nosso trabalho e me presentear com a generosa orelha do livro.

Descendente de negros, índios e europeus, sou o que podemos chamar de um brasileiro típico. A exceção que vem confirmar a regra: sou o único da família até agora que entrou em universidade pública e fez pós-graduação. O menino do morro do Caramujo, em Niterói, filho de mãe separada, criado por ela e pela avó, com o mesmo zelo que as tias baianas cuidavam dos seus muitos "filhos", é um ponto fora da curva dessa sociedade escravocrata, uma trajetória única familiar que corrobora o fracasso desse Brasil mulato, mestiço. Para Emília Neves Diniz e Maria de Lourdes Diniz, meus eternos agradecimentos, cheios de amor, que mal cabem em uma vida.

Para meus "pequenos", o agradecimento vai em forma de pedido: pelo andar da carruagem, seu pai não verá mais este país ser justo com os mais pobres e com as minorias. Mas, de tudo que acompanho de vocês, Maria e Xico, sei que os valores éticos que já carregam serão determinantes para compreenderem que o Brasil pode ser muito melhor para vocês do que foi para mim. Amo e admiro muito vocês!

Para meu amor de vida, aquela responsável pela volta insistente do meu sorriso, da minha felicidade; aquela que radicalizou em mim a generosidade, que me fez perceber coisas que só percebemos no mundo quando amamos de peito aberto. O seu olhar, a sua vontade de viver juntos me encheram de forças para que eu pudesse terminar mais um livro. Mônica, meu amor puro, obrigado.

PASSAGEM DE SOM

Este livro é fruto de uma tese que, por sua vez, é resultado de alguns anos de pesquisa e militância no cenário da música popular brasileira. Entretanto, se no passado me debrucei sobre o complexo cultural do choro, do samba e do carnaval, há mais ou menos oito anos, estimulado pelo professor Jorge Luiz Barbosa, passei a ter contato com personagens e com a bibliografia do universo da Black Soul, movimento cultural importantíssimo para entender este Brasil privado de direitos e naufragado em desigualdades sociais.

O protagonista dessa história é a festa da Black Soul, como gostavam de chamar seus frequentadores, na cidade do Rio de Janeiro da década de 1970. É no espaço urbano carioca que o movimento Black Soul tem sua maior relevância cultural e política, incorporando grande parte do ideário do movimento negro norte-americano de direitos civis e de afirmação de suas identidades. Milhares de jovens frequentavam os bailes dos subúrbios e das periferias da região metropolitana. É o que chamo aqui de a "Grande África Soul", fazendo alusão à famosa frase do compositor Heitor dos Prazeres, uma "Pequena África ou África em miniatura", para caracterizar a demografia social da Cidade Nova, no começo do século XX (MOURA, 1995).

A denominada Black Soul foi um movimento de quase uma década e que mudou comportamentos, hábitos, e estimulou conexões socioculturais e sociopolíticas de grupos negros e mestiços, das regiões periféricas do Rio de Janeiro, criadores de pequenas empresas, chamadas de "equipe de som", em escalas nacional e internacional (particularmente norte-americana e caribenha). No campo da música, a Black Soul fez uma releitura do soul e do funk americano, representado nas figuras dos extraordinários Ray Charles e James Brown (o Rei do Soul). Jorge Ben Jor, Gerson King Combo, Tony Tornado, Wilson Simonal, Tim Maia, Hyldon, Sandra de Sá e Cassiano são apenas alguns dos nomes que ganharam destaque à época no processo de tradução de estilos musicais em sintonia com a própria musicalidade carioca. Mas, mesmo como um movimento de massa e renovação estética, a Black Soul foi, nas últimas décadas do século XX, impressionantemente negligenciada, sofreu do que podemos chamar de apagamento de sua memória. Qual foi o objetivo desse esquecimento? Por que, de certa forma, alguns compositores e cantores de soul só tiveram sua obra valorada após a aproximação com parte da MPB da classe média branca?

É surpreendente que um movimento de massa como a Black Soul tenha ocorrido durante um bom tempo sem conhecimento, repercussão ou mesmo curiosidade por parte da mídia. Em 1976, alguns anos depois do seu surgimento, conquistando milhares de jovens nas periferias do Rio, a jornalista Lena Frias escreveu uma matéria no *Jornal do Brasil* sobre o fenômeno nos subúrbios cariocas, ou o que ela nomeou de Black Rio – para facilitar o entendimento dos leitores, passaremos a chamar a Black Soul de Black Rio, como ela ficou conhecida na década de 1970 nacionalmente. A essa altura, porém, já havia uma cidade inteira submersa e esquecida nos conflitos ideológicos de um regime de exceção, lutando por direitos e visibilidade. Houve, se podemos ousar dizer, um triplo esquecimento neste processo: um primeiro se refere ao surgimento da Black Rio, silenciado pelos meios de comunicação; um segundo, relativo ao seu legado, ignorado pelos formadores de opinião e instituições de memória, e, por último, um silêncio perene sobre a participação das mulheres na trajetória do soul, realizado pelos próprios atores da cena black e que permanece até hoje. Apesar da significativa presença nos bailes e na inventividade do modo de ser black, como atestam os depoimentos das dançarinas e de alguns entrevistados, as mulheres foram ofuscadas da cadeia produtiva da festa. Cabem ainda algumas perguntas. Por que elas não exerciam a função de DJ? Ou mesmo que houvesse mulheres pilotando as Pick-ups, por que não foram citadas nas entrevistas como referência? Espero que novas pesquisas venham a preencher essa lacuna e descortinar com mais propriedade o papel das mulheres na história da Black Rio.

Um esquecimento, um silêncio sobre o passado, não é um ato individual e pueril ou mesmo casual. A memória exerce um papel fundamental no processo de construção de identidade de todo grupo social. Ela funciona como elemento que fortalece o sentimento de pertencimento ao grupo, bem como sua continuidade temporal. É esse passado "inventado" que possibilita a unidade de seus membros, mantendo sua coesão interna e marcando sua diferença em relação aos outros (FRANK, 1992). A lembrança das coisas passadas não é necessariamente a lembrança das coisas como elas foram. No sentido aqui proposto, memória é reviver, é refazer, é refletir, é trabalhar o agora a partir do outrora (BOSI, 1995). É tentar contribuir para as muitas memórias necessárias à construção do legado da cena Black Rio. Graças à mobilização da sociedade e ao desenvolvimento de políticas públicas afirmativas nas últimas décadas, aumentou significativamente o número de pesquisas sobre o universo da negritude na sociedade brasileira e, de quebra, aumentaram as produções acadêmicas sobre o movimento Black Rio. A busca, para além dos muitos desejos reprimidos, de recuperar informações, cenas, momentos singulares, personagens, fatos, vai aos poucos pavimentando um terreno sólido de conhecimento do primeiro movimento de massas da negritude jovem no universo da música referendado na diáspora africana.

O texto trata do movimento Black Rio sem uma visão essencialista e romântica dos bailes. Aproveitando o crescimento da economia e o aumento do mercado cultural, a Black Rio dialogou com a indústria do entretenimento, possibilitando que brancos e negros tivessem altos rendimentos financeiros com os bailes e com a venda de discos e produtos identitários. A Black Rio disputava o mercado fonográfico ("branco") com seus cantores, DJs e equipes formadas por negros. E foram, de certa forma, as equipes que ditaram a dinâmica dos bailes pela cidade, apresentando em seus territórios características diferentes entre si, no repertório musical e nas formas de agir politicamente perante a juventude negra (OLIVEIRA, 2018).

Vejamos então o que você vai encontrar em cada capítulo. No primeiro, "A emergência da Black Rio na trajetória dos seus ícones", abordo o contexto cultural dos anos 1970, tendo como fio condutor alguns personagens, com suas histórias de vida, e os movimentos musicais que criaram os alicerces para o surgimento da Black Rio. A década inaugura a radicalização da ditadura civil-empresarial-militar, a perseguição aos movimentos sociais, incluindo o movimento negro. Personagens como Tony Tornado e Gerson King Combo criaram estilos e popularizaram o soul. Tim Maia, Erlon Chaves, Cassiano, Hyldon, Carlos Dafé e Jorge Ben Jor fizeram releituras do soul americano com sotaques nacionais e abriram as portas das gravadoras para o novo estilo.

O segundo capítulo, "O baile soul: a festa da negritude no Rio de Janeiro", mostra como os incipientes bailes de soul, no fundo um pedacinho dos bailes de rock, transbordaram da Zona Sul carioca para se transformarem em bailes da Black Rio nos territórios do subúrbio e das Zonas Norte e Oeste da cidade. Conceituamos os bailes como festas da negritude, utilizando os teóricos Paul Claval (2007), Lewis Mumford (1965), Alejandro Ulloa (2004) e Roberto Guarinello (2001). Os Bailes da Black Rio reúnem os principais elementos constitutivos da festa e que passarão a ser interpretados como uma condensação de práticas estéticas de corpos que marcam seus territórios. São corpos que combinam a circulação de afetos, símbolos, valores e vivem o pertencimento e a construção de identidades plurais negras na cidade do Rio de Janeiro.

No terceiro capítulo, "Black da cabeça aos pés", analiso o papel dos estilos no movimento Black Rio compostos de música, estética, roupas, performances, iconografia visual e sistema de valores, utilizando como referência teórica o trabalho do sociólogo Dick Hebdige (1979). Podemos enxergar o estilo dos blacks como a incorporação de um novo visual na área urbana, um coletivo potente em torno dos símbolos e do consumo de objetos significativos da cultura negra.

No quarto capítulo, "A roda, o ápice da cena da Grande África Soul", vamos trabalhar com o pioneiro conceito de cena desenvolvido pelo professor canadense Will Straw (1991). Uma cena é vista pelo autor como um espaço cultural onde diversos tipos de práticas musicais coexistem, interagindo umas com as outras dentro de uma variedade de processos de diferenciação. A cena, dessa forma, é compartilhada por indivíduos que têm interesses em estilos nascidos em outras localidades, tornando-os globalizados. O corpo que dança nos bailes cria uma visibilidade pública e projeta seus desejos na cidade. Por isso, a roda formada nos bailes era o ápice da celebração, um geossímbolo, segundo o geógrafo Joël Bonnemaison (2004), e um dos elementos que remontam às tradições africanas, sendo o centro de ressignificação da dança e da musicalidade negra. Na cultura afro-brasileira, a roda é uma estratégia de sobrevivência, de liberdade corporal e redefinição de territórios, perante as constantes ameaças de aprisionamento e eliminação do corpo negro (MOURA, 2004). O corpo passa a ser o centro das utopias possíveis nas áreas urbanas comandadas pelo capital (FOUCAULT, 2013).

No quinto capítulo, "Diáspora africana *versus* Modernismo: a Black Rio em questão", debateremos mais profundamente as diferenças políticas e ideológicas do movimento Black Rio e da MPB, em especial o samba carioca. Episódios de aproximação, diálogo e tensão serão relatados para discutir os diversos horizontes de ambos os lados, sobretudo no que tange à discussão nacional x transnacional, modernismo (o culto à mestiçagem) x diáspora africana. Utilizaremos os trabalhos da antropóloga Santuza Cambraia (2010), dos historiadores Paulo César de Araújo (2002) e Marcos Napolitano (2001) e do sociólogo Paul Gilroy (2012) para construir nossa narrativa teórica.

No capítulo 6, "Apontamentos sobre a perseguição aos blacks e nosso racismo estrutural", mostraremos como os militares monitoravam e prendiam lideranças, artistas e frequentadores do movimento Black Rio e como grande parte de nossa sociedade, mesmo no universo do pensamento progressistas, contribuiu para isolar os blacks ao classificá-los como consumistas, pastiches das negras e dos negros norte-americanos e um perigo diante da nossa chamada democracia racial. É aquela velha história desde a secular escravidão: se a negra e o negro estiverem no seu lugar, na sua subalternidade, tudo está em ordem no Brasil. Lembremos a famosa frase cristã: "Lá em casa não tem esse negócio de racismo, nossa empregada come até na mesa com a gente". Mas quando houver algum deslize desses atores, alguma disputa ou competição na sociedade, a exemplo das exitosas e questionáveis, por parte das elites brancas, trajetórias de Tony Tornado, Erlon Chaves e de Wilson Simonal, o racismo vira o senhor da razão, escancarando toda a sua crueldade, todo seu viés estrutural, como aponta o professor Silvio de Almeida (2019).

No capítulo 7, "Do soul ao funk, o (novo) endereço dos bailes", descrevemos a decadência do fenômeno Black Soul muito em função dos conflitos entre a Black Rio x A tradição (samba)/ modernidade (pós-bossa nova), a Black Rio x Ditadura, a Black Rio x A Disco/funk.

A crítica da classe média intelectualizada aos blacks, a perseguição da ditadura, ambas fortalecidas por um racismo estrutural e a questão geracional, esvaziaram o sentido e o conteúdo político do movimento, engendrando novas formas de representação musical dos jovens negros periféricos - sobretudo o funk carioca e o hip-hop paulista, assim como os blocos afros na Bahia.

A Black Rio e o movimento Black Soul, em geral, pagaram um preço alto demais no Brasil, perante os formadores de opinião da época (jornalistas, intelectuais, artistas, escritores e grande parte dos profissionais liberais) ao afirmarem e simbolizarem um conjunto de gostos de negros periféricos referendados na diáspora africana (de inspiração americana). Mesmo para as cabeças mais progressistas dos anos 70, a chamada *Grande África* que o soul/funk despertava, colocava em xeque as suas preferências estéticas, balizadas pelo pensamento modernista. A ideia aqui é que o nacionalismo de esquerda e de direita apontou seus canhões teóricos, discursivos e repressores (no caso do Estado ditatorial) para o pioneiro movimento de massa da negritude brasileira. Os esquecimentos posteriores ao movimento são resultados dessa aliança, improvável, que silenciou instituições de saber e espaços de memória da genealogia da Black Rio.

A geografia dos bailes foi elaborada a partir das entrevistas* aqui elencadas e da pesquisa em revistas, jornais, e na diminuta produção audiovisual sobre o tema. Sempre levando em conta que a festa ou o baile é também o registro e a memória de um lugar, confeccionamos três mapas para situar as equipes por bairros/regiões, apontando a evolução do movimento Black Rio pela cidade, assim como a localização dos principais espaços que recebiam milhares de jovens para curtir o soul. Mesmo sabendo que a tarefa é árdua, tentamos ser o mais fidedigno no georreferenciamento.

Agora, leitores, é chegada a hora de descobrir novos cenários, rememorar suas próprias histórias - para quem curtiu a Black Rio - e, ao final, levar consigo um pouco desse momento tão importante de nossa cultura no século XX. Espero que gostem!

*O asterisco, no texto, indica citações de entrevistas dadas ao autor. As datas estão indicadas no final do livro. (N. da E.)

SUMÁRIO

PRÓXIMA PÁG.
Panfletos e filipetas de equipes e shows do movimento Black Rio
Acervo Zé Octávio Sebadelhe

BANCARIOS de CAVALCANTE

Rua Graça Melo, 640
Apresenta dia 21 de Abril Sexta-Feira ás 21 hs.

O SOUL dos BLACK

JB. SANTOS

(Mr. Vanderlei Santos)
(SOUL Grand Prix.)
(Mr. Nénen)
Puma-Soul-Niteroi-
Mr. Jaime
S'KLEP - **(SOUL Maior)**
Mr. Samuel

Onibus: 298 - 650 - 651 - 678 - 908

Divulgação de Lojas Paiva
Moveis e Eletro-Domesticos
Matriz: Av, João Ribeiro, 197
Continue com a gente

- Associação Atletica Jacaré -

RUA SILVA REGO, 49 - JACARE

apresenta TODOS OS DOMINGOS 20 h

LUIZINHO DISC JOCKEY SOUL

(O som dos black's)

CAVALHEIRO 15 DAMAS GR

Sorteio de LPS Balanços Black's - Luizinho Disc Jockey Soul - Camiset

TODAS 6.ª FEIRA - VITORIA TENIS CLUB
LUIZINHO DISC JOCKEY SOUL X CASH BOX

Figueira Futebol

Rua Nilo Peçanha s/n - Car
Ponto Final do Madureira X F

A Cova

E seus Balanços Incrivei

Puma So

A simpatia de Niteroi

Sabado - 17 Dezembro 77 -

2.º Encontro Internacional da Black Rio

Gremio Rocha Miranda — Av. dos Italianos 282 — R. Miranda —

Janeiro
Sabado
14
18 HS

1) Coração do Papa do Soul MONSIEUR LIMA
2) Ultimo Baile da Equipe MODELO
3) A Estreia Finalmente do HOMEM DE PRATA
4) E as Caravanas BLACK NITEROI - BLACK SÃO PAULO - BLACK MINAS - BLACK MAGÉ - BLACK PETROPOLIS

E mais as Melhores da BLACK RIO

DYNAMIC SOUL - BLACK FLOWER - CASH BOX - SOUL GRAND PRIX - A COVA - VIPS LUIZINHO D. J. SOUL - MODELO - MONSIEUR LIMA - BOOT POWER - PUMA SOUL - TRUTA SOUL - BLACK PANTER - SOUL MAIOR SOUL BROTHER e Outros

GRUPOS ESPECIAIS: Piraquara - V. Aliança - Praia do Flamengo Caramujo - Calçadões - Nova Iguaçu - Madureira - Campo Grande O. Cruz - Pilares - Arpoador - Catumbi - Mod Square - Danger Prata Show - Magé e Outros

Convites antecipados a partir das 9 Hs. à Cr$ 14,00 no Gremio

Voce Será Filmado para as Principais Televisão e Cinema, Serão aproveitados Slayds das Pessoas Fotografadas Durante Filmes — Chegue Cedo - Traga sua Turma - Venha Ver seu Filme —

Mais uma Real. PAULO APOCALIPSE - Tel. 771-0873 - Superv. Guilherme Quin

— As Melhores Lojas de Discos do Grande Rio - MULTISOM - MASTER - SOM —
Comandam os Sucessos - Rua Jose Alvarenga, - Centro de Caxias

Henrique Araujo MDB Rio

PERGUNTE AOS GAROTÕES E ÀS MENININHAS:

A resposta dos jovens associados será o nosso argumento final e definitivo. Você vai ter a certeza absoluta de agradar à patota. Antecipe essa alegria, garantindo, desde já, o sábado mais próximo (sexta e domingo também é capaz de dar pé) para a apresentação da **maior boate do mundo** em seu clube. Nossos telefones estão às suas ordens, de dia ou de noite. Falando (e dançando) é que a gente se entende. Não faça cerimônia. Ligue prá nós.

JPS Assessôres Ltda.
Empresários exclusivos do Baile da Pesada
Av. Franklin Roosevelt 194 - Grupo 306

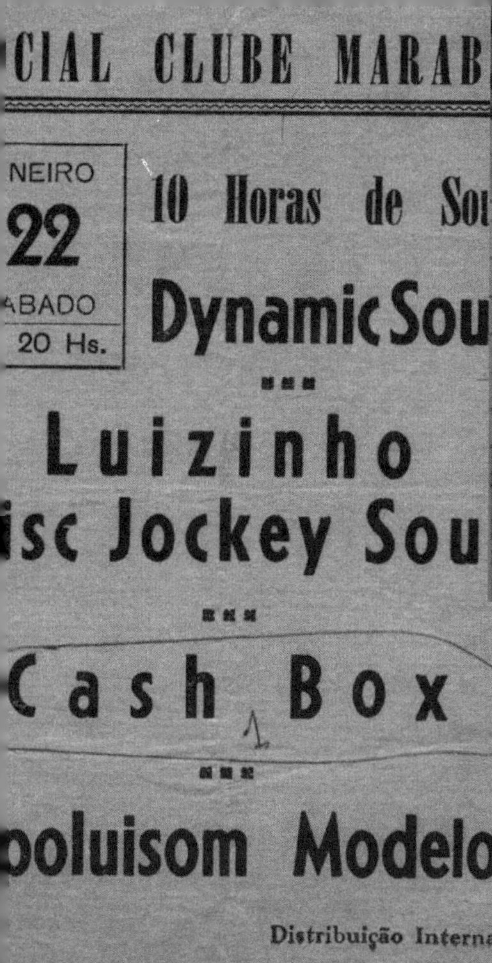
CIAL CLUBE MARAB
NEIRO
22
ABADO
20 Hs.
10 Horas de Sou
Dynamic Sou
Luizinho
isc Jockey Sou
Cash Box
poluisom Modelo
Distribuição Interna

SOUL GRAND PRIX

JAMES BROWN
CHIC SHOW

CHIC SHOW
A REUNIÃO DOS BLACK'S
11 de Novembro - Sábado
S. E. PALMEIRAS
RUA TURIASSU N.º 1840
PRESENT'S A'LIVE
JAMES BROW
(O MAIOR BALANÇO DO MUNDO)
CONSIDERADO PELA REVISTA CASH BOX, O MA
INTERPRETE DE SOUL NOS U.S.A. E EURO
E
JB's BAND
A BANDA BLACK MAIS FAMOSA DO MUN
ÚNICA APRESENTAÇÃO PARA OS BLACK'S PAUL
CONVITES A VENDA:
MAXI SOM - RUA BARÃO DE ITAPETININGA
SIMÃO DISCOS - RUA BUTANTÃ, 39 - PINHE
PONTAL MODAS - R. VOL. DA PATRIA 2000 - SANT

BAILE DA PESADA
NO CANECÃO
ADEMIR DO BATER
TREMENDAS
DOMINGO
1º FESTIVAL
CONCURSO DE MÚSICA POP PARA ESCOLHA DO MELHOR CONJUNTO
16 HORAS
INGRESSO 5,00
DE MÍNIMA 14 ANOS
Nº 029

1_A EMERGÊNCIA DA BLACK RIO NA TRAJETÓRIA DE SEUS ÍCONES

Sou vivo, cara, muito esperto. Sempre fui "crioulo tu". Eu sou o "preto tu", cara. 'Preto tu' é aquele negão que encara a situação. Diferente do 'neguinho', que diz "não, senhor; sim, senhor". O "preto tu", o negão, diz "e aí cara, qual é a parada?" Sempre fui um desses. (Tony Tornado)

Em 1971, com o Maracanãzinho lotado, Elis Regina cantava "Black is Beautiful", de Marcos e Paulo Sérgio Valle. Tony Tornado, um dos símbolos da negritude da época, estava na plateia ouvindo: "Hoje cedo na rua do Ouvidor / Quantos brancos horríveis eu vi / Eu quero um homem de cor / Um deus negro do Congo ou daqui / Que se integre no meu sangue europeu / *Black is beautiful, black is beautiful*". Ele então pensou: "essa música é pra mim, sou eu esse negão!" Tony subiu ao palco e de punhos fechados fez o sinal black power, dos Panteras Negras, partido político norte-americano. Um gesto que refletia a força, a união, a liberdade, a reapropriação do corpo, de um corpo marcado historicamente pelos punhos amarrados e pelos braços atados no pelourinho. Era o Tony Tornado "preto tu." Mal abaixou as mãos e já estava algemado. Saiu preso pelo Departamento de Ordem Política e Social (DOPS), com 40 mil pessoas vaiando a polícia no estádio. Tony foi levado para a Praça XV, onde mandaram-no cantar, rodopiar, e um coronel repetia insistentemente, "como pode um crioulo comunista?"

A intepretação de Tony e Elis sofreu ataque dos principais jornais do país. As reportagens diziam que ela estimulava um conflito aberto entre brancos e negros. Tony acabou se exilando no Uruguai. No decorrer da ditadura civil-militar, ele acumularia inúmeras passagens pelo Departamento de Ordem Política e Social (DOPS) e, além do Uruguai, frequentaria no exílio países como Angola, Egito, Cuba e Tchecoslováquia.

A prisão do ator, compositor e dançarino Tony Tornado retrata bem os assuntos deste livro: música, juventude periférica, negritude e ditadura. O movimento Black Rio surge em um dos períodos políticos mais repressivos de nossa história. A ditatura civil-empresarial-militar implantada em 1964 vivia um momento de recrudescimento de suas ações, com prisões, torturas e mortes dos seus opositores. O Serviço Nacional de Informações (SNI) recebeu maior aporte de verbas e sinal verde para o confronto sistemático após a publicação do Ato Institucional nº 5, em 13 de dezembro de 1968, durante o governo do general-presidente Artur da Costa e Silva. Seu sucessor, general Emílio Médici, ampliou significativamente as operações de repressão política e militar à oposição ao regime ditatorial com a criação do DOI-CODI - Destacamento de Operação Interna e Centro de Operações e Defesa Interna. Não por acaso o período ficou conhecido como "anos de chumbo".

Se os calabouços militares sangravam, uma parcela da população também sentia os efeitos do chamado Milagre Econômico, momento em que o país conhecia um crescimento econômico de cerca de 10,2%, de 1967 a 1973, denominado pela propaganda oficial como "Milagre Brasileiro". A prosperidade atingia alguns poucos, é verdade, enquanto a desigualdade se aprofundava no campo e nas cidades. Paralelamente, o governo patrocinava campanhas nacionalistas como "Ninguém segura este país" ou "Brasil, ame-o ou deixe-o", com a intenção de reafirmar para a população a confiança no país e, mais especificamente, no regime da ditadura civil-empresarial-militar. Nesse contexto, a indústria fonográfica fomentou a produção e o consumo de discos e incitou o surgimento de um novo público consumidor, sobretudo jovens nos principais centros urbanos do país, em acelerado processo de crescimento populacional e econômico.

A disponibilidade de mais informação e as novas práticas de consumo favoreceram a criação de diferentes estratégias de luta e uma maior conscientização, sobretudo da população negra inserida no mercado de consumo cultural. Esses jovens negros passaram a exercer seu novo poder de compra enfatizando uma contestação da estrutura social e racial vigente com base em rituais simbólicos e práticas de consumo diferenciadas. São eles que vão fazer parte da Black Rio, dessa Grande África Soul, ganhando visibilidade na cidade como o primeiro movimento cultural de massa da juventude negra periférica.

Para começo de conversa vamos percorrer os agitados anos de 1970 através da história de vida de alguns personagens emblemáticos da época, jovens que se envolveram com o rock, vivenciaram o surgimento do soul e do funk nos Estados Unidos, flertaram (ou não) com as propostas de Malcom X, Martin Luther King ou Panteras Negras, compreenderam a importância do estilo na afirmação da identidade negra, criaram todo um jeito peculiar de dançar e fizeram a releitura da música negra norte-americana ao sabor da cultura carioca.

HOJE É DIA DE ROCK

No início da década de 1960, o grande sucesso das tardes de domingo na TV não eram os jogos de futebol, a diversão ficava por conta do programa *Hoje é dia de rock* (1961-1965), comandado por Jair de Taumaturgo, na TV Rio. No programa, o ex-paraquedista Tony Tornado, figura emblemática na história da Black Rio, fazia o que era moda: dublar os cantores estadunidenses. Tony era conhecido artisticamente como Tony Checker - ele era o principal "imitador" do cantor norte-americano Chubby Checker. À época, muitos artistas nacionais gravavam versões em português de sucessos internacionais ou, o que era mais comum, cantavam em inglês. Sendo assim, boa parte dos artistas "internacionais" que faziam sucesso no Brasil eram brasileiros mesmo.

O rock chega ao Brasil na esteira do filme *The Blackboard Jungle*, dirigido por Richard Brooks, em 1955. Sua trilha sonora era a música que o conjunto Bill Haley and His Comets gravara um ano antes: "Rock Around The Clock". Seu enorme sucesso produziu uma versão nacional, denominada "Sementes da violência", na voz da cantora Nora Ney. Em 1957, o cantor Cauby Peixoto levaria para o disco a música "Rock and roll em Copacabana", de Miguel Gustavo, considerado o primeiro rock brasileiro.

Entretanto, segundo consta na literatura musical, quem lançaria definitivamente o gênero em nosso país seria a cantora Celly Campello. A música com a qual a paulista arrebataria multidões era a versão de Fred Jorge para "Stupid cupid", de Neil Sedaka e Howard Greenfield, gravada em 1959, como "Estúpido cupido". É bom deixar claro que o rock brasileiro desse período vivia principalmente de versões, como o sucesso do cantor Sérgio Murilo, reverenciado como Rei do Rock, na música "Broto legal", reelaborada por Renato Corte Real.

Na onda da popularidade de Cauby Peixoto, Celly Campelo e Sérgio Murilo, surgiria uma nova geração do rock brasileiro. Essa geração não despontou em carreira solo, mas, na sua esmagadora maioria, em grupos com nomes em inglês. Dentre eles estava o The Sputniks, grupo encabeçado por uma turma da rua do Matoso, na Tijuca, Zona Norte do Rio de Janeiro. The Sputniks trazia em sua linha de frente três nomes do primeiríssimo time da música brasileira: Roberto Carlos Braga (Roberto Carlos), Erasmo Esteves (mais tarde Carlos) e Sebastião (mais tarde Tim) Maia. Esse último seria outra figura fundamental na história da black music no Brasil.

Assim como Jair de Taumaturgo, Carlos Imperial também era apresentador de TV. Enquanto Jair apresentava o programa *Hoje é dia de rock* nas tardes de domingo, Imperial era o mestre de cerimônias de *Brotos no 13* nas tardes de terça-feira. Ambos na mesma TV Rio, canal 13. A concorrência fez Imperial ir para a Record, no canal 7, de São Paulo. Lá, *Brotos no 13* virou *Brotos no 7*. O próprio Carlos Imperial, um personagem complexo e polêmico, merecia um capítulo à parte na história da música brasileira. Imperial apresentou ainda outro programa na mesma linha chamado *Os brotos comandam*, às terças-feiras, às 18h20, na TV Continental. Tony Tornado chamou a atenção do produtor artístico Carlos Imperial que o contratou para ser o responsável por preparar uma agitação sempre que Imperial chegasse com seu carrão à TV Continental. Como o apresentador gostou do trabalho do grandalhão de quase dois metros de altura, Tony acumulou a função de agitador do fã-clube e guarda-costas do Imperial. Foi em sua nova atividade que Tony conheceu grande parte do meio artístico da época, como Roberto Carlos, Paulo Sérgio, Ronnie Von, Erasmo Carlos, Altemar Dutra, entre outros. O leque de artistas do programa do Imperial era fabuloso. Gilvan de Paula, o DJ Funk Gil, observa que muitos artistas negros que ajudaram a construir a Jovem Guarda infelizmente não passaram para a história:

> O negro americano inventou o Rock, quando se cita a palavra rock o simbolismo é um branco cabeludo de guitarra. Na época da segregação racial americana o negro americano tocava o Doo wop. Artistas brancos beberam dessa fonte e viraram ídolos, como Elvis Presley e outros. No Brasil não foi diferente. Na jovem guarda aconteceu o mesmo. Existiram grupos e cantores negros na jovem guarda. Mas quando se faz um documentário ou especial na TV só se vê Roberto Carlos, Erasmo, Wanderleia e grupos de brancos.*

Com o talento à flor da pele, logo Tony Tornado passou a fazer parte - tocando pandeiro, cantando, dançando e sorrindo - do grupo Brasiliana. Recém-saído do Exército e trabalhando ainda com Imperial, ele resolveu topar a ideia de integrar o grupo. Mas a "prova prática" para entrar no Brasiliana seria impensável hoje em dia. "E o teste era assim: 'ri'... Depois é que eu fui descobrir que era por causa dos dentes (mostra os dentes). Porque no fim da apresentação tinha aquele final apoteótico: 'Brasil!!' (mostra os dentes mais uma vez). Quem não tinha os dentes não podia. E eu rodei o mundo fazendo isso", relembrou Tony em entrevista ao *Estado de S. Paulo* (MARIA, 2013).

O grupo viajou muito e o contrato durava dois anos, podendo ser renovado dependendo do interesse do empresário. "Eu não tinha mesmo pra onde ir, eu ia renovando de dois em dois anos, e por isso eu conheci muitos lugares. Nos EUA, eu fiquei mais porque já estava no final da temporada, então eu dei uma fugida por lá. Eu não gostava muito de samba. Sempre fui um pouco 'americanoide.' Já gostava de rock naquela época. Meu contrato acabou - nós estávamos na Holanda - e eu tinha que voltar ao Brasil. Mas eu não voltei. Fui pra Nova York. Isso em 1963, 1964", conta Tony na mesma entrevista a Júlio Maria, citada acima.

Nos Estados Unidos, Mister Comfort (como Tony era conhecido) se aproximou de uns "chicanos" ("o que é difícil, já que o negro

* Todas as citações com asterisco foram tiradas de entrevistas dadas ao autor, as datas estão indicadas nas Referências.

americano não é amigo dos 'chicanos'") na intenção de "cair" em algum lugar. A adaptação de Tony no país foi difícil. Ele sempre afirma em suas entrevistas que comparado ao negro americano era um anão. Por isso, foi assaltado algumas vezes. No clima efervescente dos anos 1960, Tony conheceu Stokely Carmichael, marido da cantora Miriam Makeba, com quem aprendeu o gesto do punho fechado, símbolo dos Panteras Negras, que no futuro usaria em suas apresentações pelos palcos no Brasil.

Originalmente denominado Partido Pantera Negra para Autodefesa (Black Panther Party for Self-Defense), o Pantera Negra foi um partido político fundado por Bobby Seale e Huey Newton em outubro de 1966. Logo suas ações em defesa dos direitos civis da comunidade negra seriam reprimidas com violência pelo governo americano. Como tática para se opor à violência, o grupo partiu para o confronto armado. As brigas com a polícia levaram a tiroteios em Nova York e Chicago. Entre 1966 e 1970, pelo menos 15 policiais e 34 "panteras" morreram em conflitos urbanos. À violência dos conflitos somou-se a dura perseguição do FBI. Em 1969, o diretor do órgão, J. Edgar Hoover, classificou os Panteras Negras como uma ameaça à sociedade americana. O partido tinha milhares de membros espalhados pelos Estados Unidos.

Como diz a entrevista, Tony Tornado, no Harlem, "era mais conhecido como cafetão (cuidava de umas vinte mulheres)". Diz ele que tinha cliente que não queria pagar e ele "chegava junto". E que, a partir daí, "a vida melhorou. Comprei uma Cadillac." Ele também chegou a trabalhar como "avião" no tráfico de drogas. Para burlar o departamento de imigração norte-americano, apresentava uma carteira profissional do lava-jato de um amigo americano. Quando os policiais chegavam, Tony trocava de roupa e ia lavar carros.

Depois de quatro anos e meio nos Estados Unidos, a identificação de Tony com a nova cultura underground foi total – a onda black power dos cabelos afro, as roupas coloridas, as camisetas de lapela longa, as calças boca de sino, o estilo dos novos filmes *blaxploitation*, produção cinematográfica feita por cineastas negros.

E por que Tony Tornado não usou sua veia artística entre os americanos para sobreviver? "Como é que eu ia cantar num lugar onde você ouve Ray Charles e James Brown o tempo todo?"

TONY TORNADO

Antônio Viana Gomes nasceu em 1931, na cidade de Mirante do Paranapanema, oeste de São Paulo. Chegou ao Rio de Janeiro ainda adolescente:

> Eu saí pequeno (de Mirante)... Nada contra Mirante, que eu adoro. Todo o mundo me tinha como maluco na cidade, por causa dessas coisas artísticas. Se você chegar na minha cidade agora e perguntar quem foi o Tony, não o Tornado, mas o Tony, vão dizer: 'Porra, aquele moleque filho de puta?'. Eu era palhaço, adorava o circo e era chamado de veado, porque no interior artista é veado (PAIVA, 2001).

Então, aos 14 anos, Tony Tornado deixou a casa dos pais e viajou de carona até o Rio de Janeiro para fazer de tudo um pouco: vendia amendoim durante o dia e engraxava sapatos à tarde. À noite vendia pequenos produtos em Copacabana e dormia na estação, nos trens na Central do Brasil ou sob viadutos. E para se proteger da cidade dita maravilhosa, lutou boxe para alimentar seu sangue quente. Tony gostava de aplicar "balão apagado" nos trens em que pegava: aproveitava o cara dormindo e, com a mão leve, pegava sua carteira sem a vítima sentir nem uma cosquinha.

Quando a grana era um pouco melhor, ele passava as noites em um hotel (de quinta categoria) na Rua do Lavradio, Centro do Rio de Janeiro, para não ser incomodado pela polícia e ser recolhido ao xadrez. Mesmo nesse ramo de atuação ele nunca foi encarcerado.

Um dia, Tony resolveu estudar e conseguiu com um guarda da Central do Brasil uma vaga na Escola Agrícola Saboia Lima. Ainda como vendedor nas noites cariocas, conheceu a cozinheira Lindaura, na Avenida Prado Júnior. Lindaura passou a ser a segunda mãe de Tony, dando carinho e um lar para o jovem que vivia pelas ruas. Aos 18 anos, o adolescente entrou na escola de paraquedistas. Tempos depois, Tony foi convocado para uma missão da Força de Paz da ONU (Organização das Nações Unidas), no Canal de Suez, no Egito. Ao regressar ao Brasil, fez parte de um grupo de militares que foi dispensado pelo exército.

GENEALOGIAS DO SOUL

O soul foi a trilha sonora dos negros americanos que lutavam por direitos civis. Soul nos anos 1960 e funk nos anos 1970 são termos que podemos agrupar no contemporâneo guarda-chuva black music, representando uma filosofia musical inspirada na ancestralidade da mãe África. O soul é filho mercadológico da junção da música gospel, do jazz e do rhythm and blues.1 Com o tempo, o soul dos anos 1960 deixou clara a diferença de estilos nos Estados Unidos: o soul do Norte, refinado, da gravadora Motown Records, de Detroit, e o do Sul, um soul mais atávico, fomentado pelas gravadoras Stax e Atlantic.

Ray Charles, um dos primeiros cantores do soul, reuniu, como poucos, elementos do rhythm and blues e do gospel. Muitas dessas canções "faziam uso óbvio de modelos de gospel, como 'I've Got a Woman', baseada em 'I've Got a Savior'. Nessas gravações, Charles canta numa sonoridade áspera e exuberante, cheia de interjeições, gritos, *bends* e melismas, acompanhado de seu piano gospel e padrões de chamada e resposta entre sua voz e ora os metais, ora um grupo feminino de backing vocals, as Raelettes. A apoteose dessa abordagem aparece em sua gravação de 1959 de 'What I'd Say', que não só importou elementos musicais da música gospel como também produziu uma simulação condensada de um serviço religioso pentecostal negro norte-americano" (BRACKETT, 2001).

De modo semelhante, James Brown empregou na música soul elementos da música gospel com o fervor de um pregador pentecostal em canções como "Please, Please, Please" (1956) e "Try Me" (1958). Brown foi o João Batista do soul. Adaptou de forma inovadora no palco e nas suas canções as louvações típicas da igreja batista pentecostal, só que com temas bem mundanos, como sexo e garotas, no lugar

1_Seguindo a linha do crítico musical Brackett: "o fato de o termo soul ter sido usado em relação à música gospel, ao jazz e ao rhythm and blues indica a interconexão entre essas diferentes práticas musicais negras norte-americanas, todas elas já compartilhando abordagens harmônicas, rítmicas, melódicas e tímbricas. Mas os gêneros realmente se diferenciam, seja pela forma e o grau em que esses elementos são colocados em jogo, seja pelo tema das letras. Assim, a emergência da música soul a partir do rhythm and blues no início dos anos 70 é mais uma mudança de ênfase do que uma importação de novos elementos da música gospel (como se diz às vezes). Todavia, o crescente emprego de técnicas vocais para significar êxtase espiritual, intensidade e devoção num contexto secular intensificou tanto o senso de identificação apaixonado do cantor com a canção quanto de conexão entre o estilo de música e a comunidade negra" (D. Brackett, *New Grove Dictionary of Music and Musicians* Londres: Macmillan, 2001, p. 63).

dos sagrados. Sua voz e seu jeito peculiar de dançar contagiavam e ensandeciam plateias negras da mesma forma que Elvis Presley, fenômeno do rock americano, fazia com as brancas. Seus movimentos corporais comandavam a sua orquestra. Mr. Dynamite caía no chão com as pernas abertas, estilo balé, e voltava à posição inicial como uma marionete e proferia um berro.

James Brown nasceu em 3 de maio de 1933 e esteve quatro vezes (1973, 1988, 1994 e 1996) no Brasil. O DJ Neném, uma das referências na discotecagem da Black Rio e personagem constante de nosso livro, não foi ao primeiro show do Mr. Dynamite, mas lembra muito bem dessa época:

> No período do soul music no Rio de Janeiro, eu não sei se isso contribuiu, veio muito artista negro. O James Brown veio cantar no Canecão; Os Jackson Five vieram cantar no Maracanãzinho, Earth, Wind & Fire, e eu fui em todos os shows. No James Brown, eu não fui porque o Santos (Mister Funky Santos) me deu uma pernada e eu tive que ficar tocando. Se eles vieram para cá é porque tinha alguma coisa acontecendo.*

Em 1973, quando o Rei do Soul pisou no Brasil pela primeira vez, foi ciceroneado no Aeroporto de Congonhas pela batucada do grupo Batuquejê e pelo cantor Wilson Simonal. James Brown fez dois shows no Teatro Municipal de São Paulo e outros dois no Canecão, no Rio de Janeiro - curiosamente na casa de shows carioca que abrigaria o Baile da Pesada, apontado como um dos precursores na divulgação do soul. O soulman geralmente carregava um séquito de 35 pessoas para suas apresentações internacionais, entre músicos, bailarinos, profissionais da produção e seguranças.

Brown cantava o orgulho de ser negro, cantava a essência da negritude. No palco, a sua performance acrobática era incansável e criou uma legião de seguidores, como Mick Jagger, Prince e Michael Jackson. A música de Brown foi inspiração para os movimentos de independência e para manifestações de estudantes pelo mundo. A sensual "Sex Machine", por exemplo, foi reproduzida em ambientes da juventude como forma de exaltar a negritude; assim como a vestimenta de James Brown, estilizada nas capas dos discos, virou um modelo a ser copiado entre os jovens.

Apesar de nomes emblemáticos do movimento, o soul não era apenas Ray Charles e James Brown. Sam Cooke, por exemplo, com uma técnica vocal bem-comportada e sofisticada, influenciou cantores de soul dos anos 1960 e 1970, como Otis Redding e Al Green. Os primeiros discos de Solomon Burke (*Cry to Me*, 1962), Otis Redding (*These Arms of Mine*, 1963) e Wilson Pickett (*I Found a Love*, com o Falcons, 1962), gravados em selos como Atlantic e Stax e produzidos para um público majoritariamente negro, marcaram fortemente a proliferação da soul music.

Entre 1967 e 1970, Aretha Franklin vendeu mais discos do que qualquer outro artista negro norte-americano. Uma das cantoras pioneiras no gênero, Aretha tinha domínio de todas as técnicas do canto gospel e sua impactante execução pianística resultou numa série de gravações antológicas. E é nesse período

> que o soul começou a condensar-se num estilo que se tornava cada vez mais diferenciado. As influências de Brown e de Sly and the Family Stone, que misturava o estilo funk de Brown com elementos do rock psicodélico, foram sentidas por vários artistas de soul. Do final dos anos sessenta e início dos anos setenta, até a Billboard teve de admitir que Soul já não era um rótulo adequado para a música popular negra norte-americana em geral e mudou o nome de sua parada soul para Black Music. Aspectos da música soul continuam vivos no rhythm and blues contemporâneo e nos samples de várias faixas de hip-hop. O uso contemporâneo do termo, contudo, refere-se a um estilo que começou com uns poucos esforços esparsos de cantores pioneiros dos anos 1950, ganhou momento nos anos 1960 com as correntes gêmeas do soul do sul e da Motown, e finalmente desdobrou-se no funk e na disco nos anos 1970 (BRACKETT, 2010).

A RESSIGNIFICAÇÃO DO SOUL NO BRASIL

No Brasil, não resta dúvida de que Tim Maia é o principal nome do soul, do funk, da Black Music. Tim sempre preferiu artistas próximos dos vocais do blues e spirituals, cultuando Little Richard, The Platters, Ray Charles, Sam Cooke e os sons da Motown. Segundo o baterista Ivan Conti Mamão, Tim "é a musicalidade da negritude personificada" (PEIXOTO; SEBADELHE, 2016).

Ainda muito jovem, Tim Maia partiu para os Estados Unidos. Viveu suas aventuras e desventuras durante cinco anos na terra do Tio Sam. Em 1964, aos 22 anos, ele estava de volta. Tim saiu do Brasil no início da bossa nova e, quando voltou, a sua turma estava no ápice com a jovem guarda. Em 1970, com o álbum *Tim Maia*, lançado pela Polydor, selo da antiga gravadora Polygram, Tim fez uma releitura do soul e do funk a partir de elementos da música brasileira e acabou por se transformar no principal sistematizador do subgênero samba-soul. Seu LP seminal foi eleito em uma lista da versão brasileira da revista *Rolling Stone* como o 25º melhor disco de todos os tempos. O disco traz sucessos que ficaram eternizados na voz do Síndico, como "Azul da Cor do Mar" e "Primavera" (Vai Chuva), e é uma de suas obras mais cultuadas pelos fãs do soul nacional. Os colecionadores saem no tapa nos sebos de disco atrás da raridade.

TIM MAIA

O caçula Sebastião Rodrigues Maia é o décimo oitavo filho de Altivo Maia e Maria Imaculada Nogueira. Nasceu em 1942, na Tijuca, zona norte do Rio de Janeiro. Quando criança, tinha que trabalhar ao lado da família entregando marmitas pelo bairro. Antes de completar dez anos já cantava no coral da Igreja. Formou com Roberto Carlos e outros cantores, na adolescência, o grupo The Sputniks. Aos 17 anos, Tim Maia partiu para os Estados Unidos sem uma ideia fixa na cabeça. Até que:

> No ano de 1962 o ainda adolescente Roger Bruno entra em uma festa em algum lugar em Tarrytown e se impressiona com o grupo que se apresenta em um canto da sala [...] A garotada amadora que na época se amarrava em formar grupos deste estilo musical – formações com pequena ou quase nenhuma instrumentação e muita harmonia vocal, um estilo que se encarregou de entreter os adolescentes enquanto o rock-and-roll ainda estava para chegar. Roger percebeu que o grupo, chamado The Ideals, estava em um nível acima dos grupos em que cantava. Em meio aos integrantes do The

Ideals brilhava um garoto rechonchudo que mais tarde, após ter sido convidado a integrar o grupo, Roger iria conhecer como "Jim, the Brazilian", ou Tim (RATTON, 2012).

Nos EUA, Tim morou na casa de uma família que conhecera no Brasil, em Tarrytown, cidade pequena perto de Nova York, e agitada por músicos de jazz. No início, integrou uma banda de Twist, depois participou do grupo "Ideals", responsável pela harmonia e pela guitarra. A banda lançou um único disco, com as músicas "New Love" (parceria de Tim com Roger) e "Go Ahead and Cry." A estada de Tim, ou Jim, como os norte-americanos pronunciavam o seu nome, foi tumultuada nos Estados Unidos. Já era um prenúncio de sua personalidade rebelde e transgressora. Em 1963, Tim foi preso e passou seis meses na cadeia por roubo e porte de drogas - o jovem adorava pular catraca de trem e furtar comida em supermercados. Deportado para o Brasil, Tim Maia fez a fusão da música negra produzida nos EUA com nossos ritmos, em especial o samba carioca. Ele produziu o disco *A Onda é o Boogaloo*, de Eduardo Araújo, teve composições gravadas por Roberto Carlos (Não Vou Ficar) e Erasmo Carlos (Não Quero Nem Saber) e passou a se apresentar em programas de rádio e TV.

A convite de Tim, o compositor Genival Cassiano participou do seu LP como guitarrista e compositor. Arranjador dos mais talentosos do soul, Cassiano nasceu na Paraíba e foi morar no Rio na década de 1960. Exercendo a profissão de pedreiro, aprendia com o pai bandolim e violão. Fã de carteirinha do baiano João Gilberto, Cassiano iniciou na música nas ondas bronzeadas da bossa nova, formando parte de um grupo chamado Bossa Trio. Depois liderou o trio Os Diagonais, com seu irmão Camarão e Amaro, no final dos anos de 1960.

O bossanovista dos anos 1960 é o mesmo que entra de cabeça no soul na década de 1970. Nesse período, ele assina quatro das doze faixas do LP *Tim Maia*, de 1970: "Você Fingiu", "Padre Cícero" (com Tim Maia); "Eu Amo Você" e "Primavera (Vai Chuva)" (ambas em parceria com Sílvio Rochael). Cassiano também teve suas obras cantadas na trilha sonora das telenovelas *O Grito*, de 1975, (onde entrou a música "A Lua e Eu") e *Locomotivas*, de 1977, (onde entrou a música "Coleção"), ambas da Rede Globo de televisão e compostas em parceria com Paulo Zdanowski.

Hyldon era outro grande soulman do período. Nasceu em 17 de abril de 1951, na Bahia, porém, aos seis meses de idade, foi morar em uma cidade do sertão baiano, chamada Senhor do Bonfim, intitulada "a capital baiana do forró", quase fronteira com Pernambuco. Com oito anos se mudou para o Rio de Janeiro. Nos anos 1960, vidrado nos Beatles, montou uma banda chamada Os Abelhas. Quando o jovem estava tomando gosto pela coisa, sua mãe decidiu voltar para o interior da Bahia. Mas Hyldon resolveu correr atrás da sua verdadeira vocação. Com apenas dezesseis anos ficou no Rio de Janeiro sob a supervisão do primo, Pedrinho da Luz, guitarrista da banda The Fevers. Era o que ele queria.

Como guitarrista, Hyldon tocou no The Fevers e nas bandas de Cassiano, Tony Tornado e Tim Maia. Suas composições alimentaram as vozes de Jerry Adriani, Wanderley Cardoso, Wilson Simonal e Gerson King Combo. Tudo isso antes de lançar seu primeiro disco solo, *Na rua, na chuva, na fazenda*, em 1975. A música que dá nome ao disco virou um clássico do período, Hyldon fez para uma menina que conheceu na Ilha Madre de Deus, na Bahia.

Em uma entrevista, lembrou como conheceu Tim Maia:

> A gente ouvia muitas histórias do Tim Maia, o "Tim Cachorro", que roubava lanches. O Camarão, irmão do Cassiano, me levou para conhecer o Tim no estúdio em que ele estava gravando "These are the songs". A Elis estava gravando as bases e ele estava no lado de fora. Fomos para uma salinha. Ele mostrou "Jurema", com aquele violão porrada, aqueles dedos gordinhos... Quando ele abriu a boca pra cantar, tremeu a parede (SANCHES, 2021).

Divergindo um pouco de pesquisadores, o produtor musical André Midani, figura importante no mercado fonográfico, relaciona o surgimento do soul no Brasil à obra de Jorge Ben Jor, anos antes do lançamento do LP de Tim Maia em 1970 (PEIXOTO; SEBADELHE, 2016):

> o movimento black brasileiro começou com Jorge Ben Jor. Quando a música "Chove Chuva" surgiu, foi uma linguagem

absolutamente revolucionária para aquela época. Eu me lembro das pessoas, naquele momento, impactadas sem saber como classificar que estilo de som era o que aquele artista fazia. Ainda não se reconhecia nessa nova canção de Ben Jor, "Chove Chuva", a força e a originalidade da poesia que podemos chamar de black brasileiro. Era um momento no qual, praticamente, em paralelo com isso, havia a força revolucionária de João Gilberto, com poesias extremamente sofisticadas, extremamente complexas, difícil de lançar dentro do mercado popular; e aí, por fora, aparece esse camarada que ninguém havia ouvido falar até aquele presente momento, que era o Jorge Ben. Ele trouxe um conceito de música absolutamente nova, audaz, revolucionária e talentosa.

Gravada em 1963, "Chove Chuva" faz parte do álbum *Samba Esquema Novo*, o primeiro LP de Jorge Ben Jor (à época Jorge Ben).

Nessa altura, seja na voz de Tim Maia, Jorge Ben Jor, Cassiano ou Hyldon, o soul brasileiro ganhou um significativo mercado na indústria do disco e no gosto da sociedade. Era a massificação da cultura pop nos anos de 1970. A música negra passou a viver seu apogeu, que tinha como base as centenas de bailes black na cidade, com milhares de frequentadores, comandando por DJs e suas equipes de som.

COMBO, TONY E OS FESTIVAIS

O cantor e compositor Gerson King Combo era conhecido no cenário do soul como o James Brown brasileiro - apelido dado pela cantora Alcione. Na dança, Gerson era realmente considerado o "rei". Na década de 1970, voltando de uma turnê aos Estados Unidos, onde conheceu os artistas Stevie Wonder e James Brown, Gerson montou o Gerson Combo Brazilian Soul, para explorar o filão da música black. É o próprio James Brown Brasileiro que nos conta como passou a ouvir o James Brown estadunidense:

> Mas quando veio a famosa Black Rio, propriamente dita, e literalmente a Black Rio, foi quando teve esse movimento (os Panteras Negras), o James Brown não era conhecido aqui. Eu conheci, por um acaso, em uma viagem e não dei a mínima pra esse cara. Eu conheci o Wilson Pickett, eu estou falando

muito de mim, eu conhecia a Four Tops, The Supremes, eram os nomes da Motown, era onde se reuniam os negros, minha paixão eram aqueles negros todos. E nada de Brown por aqui. Em 69, 68, foi quando eu conheci o Martin Luther King, eu conhecia Martin Luther King, mas não conhecia James Brown. Mas depois que eu ouvi "Sex Machine"... o cara estourou!... O pam e pam e o bam, bam e bam é o diferencial de James Brown. A batida do James Brown diferenciou tudo, tu sentes o soul, aquilo vem de dentro. A gente sente esse bate e pam, e pam. O que marcou muito em mim foi a batida de baixo, a bateria e a guitarra, são as nuances dele... aí chegam os metais e bam, bam e bam!*

Em 1977, Gerson King Combo fez um sucesso estrondoso com a obra "Mandamentos black":

> Brother!
> Assuma sua mente, brother!
> E chegue a uma poderosa conclusão de que os blacks não querem ofender a ninguém, brother!
> O que nós queremos é dançar! Dançar, dançar e curtir muito som...

GÉRSON KING COMBO

Gérson Rodrigues Côrtes nasceu em 30 de novembro de 1943, no subúrbio do Rio. Na adolescência, foi coroinha da Igreja São Luiz Gonzaga e jogou futebol no Madureira, bairro onde fica a casa em que viveu, na Rua Andrade Figueira: "até hoje a casa está lá, e é por isso que eu não saio muito de Madureira. Eu já estive morando na Vila da Penha e voltei para Madureira, porque realmente eu nunca vi pra gostar tanto de Madureira"*.

Antes de entrar no ramo artístico, Gérson atuou como paraquedista militar em Realengo, nos primeiros anos da ditadura militar. Porém, pediu desligamento do Exército ao ver o tratamento brutal dispensado aos presos políticos pelos militares:

> Eu saí em 1966 do paraquedismo, e estava no centro da ditadura, e se você soltasse alguma coisa, você era preso, era questionado, era uma loucura. [...] Na época, eu não fiquei na coisa, justamente por causa da ditadura, de política, essas coisas. Eu odeio política, odeio um lado e o outro.*

A carreira de Gérson teve início quando ele atuou como dublador e dançarino do programa de TV *Hoje é dia de rock*. Gérson entrou na TV por influência direta do irmão Getúlio Côrtes, compositor, autor de um grande sucesso de Roberto Carlos na jovem guarda, "Negro gato."

Apesar de nascer no bairro considerado o "Berço do Samba", Gérson não dava muita pelota para o gênero. Sempre afirma que seu irmão Getúlio era muito americanizado e comprava discos de Elvis e Little Richard para eles ouvirem. Ainda por influência do irmão, Gérson realizou três relevantes trabalhos como coreógrafo na TV: o primeiro no programa Jovem Guarda, na Rede Record, em 1965. Depois dessa experiência, Gérson recebeu um convite do Velho Guerreiro, o comunicador Abelardo Chacrinha Barbosa, para que passasse a coreografar a dança das chacretes no programa *Cassino do Chacrinha*. Em 1969, Gérson estreou como coreógrafo do show de Wilson Simonal – *De Cabral a Simonal*. Passou, então, a cantar na banda Fórmula 7 e na Banda Veneno do maestro Erlon Chaves. Ainda em 1969, gravou o excelente Gerson Combo e a Turma do Soul. Em uma de suas turnês pelos Estados Unidos, conheceu Stevie Wonder e James Brown. Influenciado pelo nome do conjunto de um artista de jazz, King Curtis, adotou o nome artístico que entraria para a história: Gerson King, logo depois, acrescentado o Combo.

O sucesso era tanto que o James Brown brasileiro andava cercado por seis seguranças. E, segundo consta, pagava uma baba só para um funcionário botar e tirar sua capa dos ombros. Gerson foi o artista que mais fez apresentações nos bailes do subúrbio carioca. Chegava aos bailes em carros de luxo, como Dodge Dart, Galaxy, Mustang. Em tempos de bonança, seu entourage chegava a 21 pessoas.

Entretanto a moda à la James Brown seria definitivamente colocada à prova com um furacão, um tornado, uma performance ímpar na pista que virou referência e incentivo ao movimento Black Rio. Em 1969, quando Tony Tornado retornou ao Brasil, foi trabalhar no conjunto de Ed Lincoln. Apresentava-se em inferninhos nos bairros de Copacabana e do Leme, como cantor norte-americano, sob o pseudônimo de Johnny Bradfort. No auge da forma, Tony havia incorporado as gírias que seriam obrigatórias para os blacks e brows do movimento Black Rio: "don", que ele pegou de sua vivência no México, "brother", "man" e "podes crer, amizade", que posteriormente daria o título a um dos seus grandes sucessos.

Colecionador da revista *Ebony*, de temática negra, Tony ditava moda, dava dicas de comportamento, além de trazer uma atitude novinha em folha para a questão racial, uma postura, digamos, mais *power*, mais *black*, mais "preto tu". "O Tony nos apresentava aquele estilo moderno dos negros americanos nestas revistas, que nos fascinava e servia como um modelo que ultrapassava o *personal stylist*. Nesses magazines víamos finalmente uma identificação real de como queríamos ser e nos portar de fato", aponta Filó, o mestre Dom Filó, DJ, produtor e organizador de um dos principais bailes da Black Rio, a Noite do Shaft no Renascença Clube (PEIXOTO; SEBADELHE, 2016).

Um dos símbolos do estilo de Tony Tornado era a juba black. Assim o pente-garfo - para fazer o penteado - passou a ser um item fundamental para as negras e os negros engajados no soul. Um dos primeiros arremessos no campo da moda foi dado pelo jogador de basquete norte americano Jim Samuel Lee, contratado pelo time do Flamengo, na década de 1970. Lee trouxe vários pentes na mala e distribuía aos amigos. Depois, abriu no Brasil uma empresa de cremes, pentes e produtos importados para cabelos afro. O estilo não se resumiu ao atleta estadunidense de basquete e seus amigos de time. Outros desportistas brasileiros também entraram na onda black. O caso mais emblemático é o do ponta da seleção brasileira, Paulo Cézar Lima, o Caju. Ele nos conta o passo a passo da construção do seu estilo black:

> [...] Estávamos em Los Angeles a convite do Sérgio [Mendes, o músico], o Jairzinho [jogador de futebol da seleção brasileira] e eu em uma limusine junto com uma cantora negra maravilhosa que

> cantava com ele. Ela nos levou aos bairros dos negros da cidade. Foi uma pancada. Via os caras com black power, vestidos de diferentes cores, calça boca de sino (Entrevista a CARDOSO, 2018).

Caju entrou em um salão para mudar seu penteado:

> Entrei em um salão e fiz o penteado black panther [penteado black power tingido]. Quando cheguei ao hotel, o treinador não entendeu nada. Todos os jogadores negros dos anos 1970, com exceção do Pelé, usavam black power. Quando voltei, ninguém entendeu nada no Brasil. Os paulistas passaram a me chamar de Caju. P*** nenhuma. Nada a ver com caju. Não entenderam nada. Foi por causa do movimento negro, dos Panteras Negras. Não apenas a cor de cabelo. Um ato meu para mostrar aos negros brasileiros que tínhamos de correr atrás, que não devíamos depender de ninguém (Entrevista a CARDOSO, 2018).

Em 1970, com seu penteado black, Tony Tornado atacava na boate New Holiday – na Avenida Nossa Senhora de Copacabana, quase esquina com a rua Princesa Isabel. Foi então sondado pelo músico Tibério Gaspar para interpretar a canção "BR-3", produzida com o pianista Antônio Adolfo. A dupla queria um cantor de estilo black power para interpretar a música com levada gospel. Tim Maia foi convidado, mas à época estava envolvido com seu novo disco; Gerson King Combo e Wilson Simonal também não toparam a proposta. Tony relembra:

> Eles [Tibério e Adolfo] buscavam um cantor de frente com uma onda hippie, mas o hippie negro, o black power, para defender a música no V FIC (Festival Internacional da Canção), ao lado do Trio Ternura, também de cantores negros, num arranjo de levada gospel (cântico adotado nas igrejas negras americanas). Aproveitei para desfilar todo o trejeito do meu ídolo James Brown, que tantas vezes vi em apresentações no Teatro Apollo, quando morei no Harlem. Com cabelo black power e sol pintado no peito (inspirado no costume de certos jovens afro-americanos que queimavam símbolos na própria pele para identificar suas etnias, vários deles integrantes de grupos ativistas como o

> Panteras Negras, de Nova York), a nossa performance levou o público ao delírio (Entrevista a CARDOSO, 2018).

Tony aproveitaria o convite para apresentar seu estilo, sua bagagem da cultura musical norte-americana:

> Eu prestava atenção em tudo. Tanto é que quando eu fui para o V Festival Internacional da Canção, já estava com uma bagagem boa de música. Porque tive uma escola nos EUA. Quando voltei pra cá, pensei: "vou colocar isso em prática". Não inventei nada. A soul music fez parte da minha vivência americana, porque eu passava o dia todo dentro do Apollo Theater 7, assistindo os negros cantando e dançando e eu ficava "só de olho" (Entrevista a CARDOSO, 2018).

Foi a TV Excelsior que iniciou a "era dos festivais", como ficaram marcados os anos da segunda metade dos anos 1960, no campo da música. Mais uma vez o pioneirismo do canal 9 de São Paulo abria um espaço importante para a constituição de um movimento musical que influenciaria e seria influenciado pelos acontecimentos decorrentes de 31 de março de 1964. Nos palcos montados pelas TVs Excelsior, Record e Globo, a partir de 1965, jovens artistas teriam oportunidade única para mostrar suas músicas que até então circulavam para um público diminuto. Com os festivais, parcerias foram formadas, amizades foram feitas e desfeitas, lutas foram travadas por bandeiras ideológicas, pessoas foram presas, torturadas e assassinadas pela ditadura, talentos extraordinários foram descobertos e a MPB virou referência de bandeira política para a juventude universitária. O público defendia de maneira enérgica suas preferências musicais, que não raro diferiam bastante das escolhas do júri.

No V Festival Internacional da Canção, em 17 de outubro de 1970, a apresentação de Tony Tornado era o acontecimento mais aguardado. O evento foi transmitido pela TV Globo, em cores, para os Estados Unidos e a Europa. Tony Tornado entrou no palco do Maracanãzinho acompanhado do Trio Ternura, aguardado com um mix de ansiedade e desconfiança. Mas, segundo escreveu o musicólogo e jornalista Zuza Homem de Mello (2003), um privilegiado observador da cena musical brasileira,

> Tony exibiu uma performance tão espetacular, cantando e dançando no estilo de James Brown, que deu a todos a impressão daquela ser a melhor música de todas [...] Na finalíssima, "BR-3" com Tony, e "Eu Também Quero Mocotó" com Erlon se destacaram, assumindo as duas primeiras posições na reta final nacional do V FIC assinalado pelos big shows e black music. Com o cabelo African look que aumentava seu metro e noventa e quatro de altura, Tony Tornado entrou de botas pretas até o joelho, calças e camisa cáqui desabotoada com o peito à mostra, onde um sol colorido pintado pelo maquiador Erick contrastava com a pele escura, os braços abertos para cima com as mãos espalmadas.

A canção "BR-3" seria a vencedora da etapa nacional do V FIC e "Eu também quero Mocotó", uma das favoritas, surpreendentemente ficou na sexta colocação. Ambas foram amplamente tocadas nas rádios, o que ajudou na venda de seus compactos e, é claro, potencializou o soul no mercado. Depois de sua apresentação interpretando "Eu também quero Mocotó", levando ao delírio e perplexidade o público do Maracanãzinho lotado, Erlon Chaves foi duramente perseguido pela ditadura. Como poderia um negro aparecer, em cadeia nacional, dançando de forma sensual com duas loiras? E como ousava ser namorado da miss Brasil, Vera Fischer? As esposas dos militares não gostaram da performance de um negro sendo beijado por loiras na televisão. Dias depois o maestro foi preso. Ao ser solto, foi proibido de exercer sua profissão e orientado a sair do país.

Um dos idealizadores do FIC, Erlon ajudou na modernização da música brasileira e com sua banda Veneno fez a fusão da música negra internacional, sobretudo o jazz latino, com nosso repertório nacional. Erlon faleceu cedo, aos 40 anos, de enfarte. Certamente fruto da pressão que sofria. Pela influência que teve à época, por seu legado, o maestro, pianista e cantor Erlon Chaves merece uma atenção maior. Tony Tornado e sua vitoriosa "BR-3" também sofreram perseguição e preconceito racial.

O colunista social Ibrahim Sued, concorrente desclassificado na fase nacional com "Conquistando e Conquistando" (com Carlos Imperial), sugeriu de forma leviana que "BR-3" não seria somente uma rodovia, mas também um código dos viciados para injetar heroína. Tony Tornado explica a origem da música: "a 'BR-3' é a estrada da vida. 'A gente corre e a gente morre na BR-3'", repete a letra. Tony reafirma que a música tratava apenas da perigosa rodovia, atualmente BR-040, que liga Minas Gerais ao Rio de Janeiro. Nada além disso. "Uma história circulou na época e acabou virando lenda. De que 'BR-3' seria a terceira veia, e 'Jesus Cristo feito em aço' a agulha, referindo-se à aplicação de heroína. Coisa dos militares", explica Tony. Na paranoia paralisante da ditadura, "BR-3" ganhou dos militares interpretação mirabolante. "O Jesus em aço é uma estátua que está lá na entrada de Juiz de Fora (MG). E nego dizia que era a agulha!", finaliza o cantor (FERRAZ, 2015).

A inovadora e emblemática performance de Tony Tornado no V FIC influenciou toda uma geração da Black Rio, como o DJ Neném:

> O cara que trouxe alguma coisa de dança de soul para gente aqui, pela primeira vez, que eu vi, foi o Tony Tornado. Foi no Festival Internacional da Canção. Ele dançando "BR-3". Ele era um ilustre desconhecido, eu nunca tinha ouvido falar em Tony Tornado. Eu conhecia o grupo que tocou com ele, O Trio Ternura, entendeu? Pelo menos para mim, foi a primeira vez que eu vi, um estilo de dança, aí eu pensei, isso deve ser o soul americano.*

No período do V FIC, Tony Tornado foi acusado de agredir a ex-mulher e de ter um romance com a atriz Arlete Sales. Sobre Arlete, Tony explica, "fazia o *programa Alô Brasil, Aquele Abraço*, líder de audiência. E ainda era casada com o Lúcio Mauro, o protótipo do casal harmonioso, bonitinho, certinho. Chego eu, um negro desconhecido..." Arlete também era uma das apresentadoras do festival vencido por Tornado. Quando Tony e a atriz Arlete Salles se casaram, a sociedade reagiu de modo sórdido. "Foi um choque. Era difícil a aceitação de um casal assim nos anos 1970. Deixavam bilhetes ofensivos no carro. Foram sete anos juntos, ela peitava tudo comigo. Gostei muito daquela mulher. Só notei que era loira quando me separei" (PAIVA, 2018).

No meio da querela, um dos compositores de "BR-3", Tibério Gaspar, foi interrogado pelo chefe do SNI (Serviço Nacional de Inteligência), o general João Batista Figueiredo (futuro presidente do país). Tony Tornado mal podia sair à rua:

> O V FIC deixou um rastro de racismo e [...] se alguém ainda tinha dúvidas, o V FIC deixou claro que havia pressão do

governo militar para que os festivais e a própria música popular fossem mantidos como eficazes torpedos para mostrar ao resto do mundo o quanto havia de alegria e felicidade no seio do povo brasileiro (MELLO, 2003).

A BANDA BLACK RIO

O surgimento da Banda Black Rio, em 1977, foi um marco para o movimento Black Rio. Composta por músicos do primeiro time, a banda influenciou uma geração de instrumentistas no Brasil e no mundo. Dom Filó, o idealizador do projeto, comentou sobre a montagem da banda, formada por Luiz Carlos Batera (bateria e percussão), Barrosinho (trompete), Lúcio J. da Silva (trombone), Cláudio Stevenson (guitarra), Jamil Joanes (baixo), Cristovão Bastos (piano) e Oberdan Magalhães (saxofone), sobrinho do sambista Silas de Oliveira, todos músicos que já atuavam em várias frentes, inclusive ex-participantes de bandas seminais, como Don Salvador, Grupo Senzala, Azymuth e Abolição:

> Então com isso eu cheguei na Warner, o André Midani, na época, era o presidente, e falei: "eu quero o seguinte: quero fazer uma experiência, quero montar uma banda brasileira. Pra tirar aquela ideia de que era americanizado etc." Fizemos uma experiência com uma música chamada "Ju ju Man" de um grupo alemão chamado Passport. Pegamos essa música junto com músicos locais, o Oberdan Magalhães, o Barrozinho, a base da Azymuth, o Márcio Montarroyos, e fizemos essa música com uma pegada brasileira. E com isso nós criamos a Hot Stuff Band, o nome fictício da nossa banda brasileira, conclusão: explodiu, sucesso! Com isso daí, o Midani perguntou: "o que a gente pode fazer agora?", eu falei: "Oh! Vamos montar uma banda, essa banda vai se chamar Banda Black Rio, e eu quero uma casa no Catumbi, dois meses, tudo pago lá dentro, a gente entra e sai com LP pronto!". Daí, saiu a Banda Black Rio, foi aquela paulada porque era instrumental, por conta da experiência que nós fizemos. Só que a musicalidade da banda fez com que a TV Globo, claro, mercadologicamente junto com a Warner, dissesse: "peraí, vamos pegar essa música aí", "Maria Fumaça", que era o tema da novela *Locomotiva*. E nós já saímos do estúdio com um sucesso, e a novela bombou. Enfim, o mercado estava aberto. *

DJ Neném, afirmou que no começo "torcia o nariz" para o soul brasileiro. Mas a Banda Black Rio e o sucesso de "Maria Fumaça" mudaram seu pensamento:

> Aí torcia o nariz, sabe por quê? Eu achava que o brasileiro tinha que fazer o soul igual ao americano. Mas também não penso mais assim, porque os caras passaram a fazer o soul do jeito que eu gostava, entendeu? A Banda Black Rio fez o soul de cá. Uma coisa que hoje eu acho legal a ideia, entendeu? Porque o americano na hora de tocar o samba ou a bossa nova, ele bota a marca dele, o molho dele, e por que eu não vou botar o meu?*

A Banda Black Rio passou a influenciar artistas de outras matizes com seus improvisos jazzísticos, samba balançado com bases do soul e um estilo de levada de *jam session*. Gilberto Gil, por exemplo, um dos pilares do movimento Tropicália, é categórico sobre a influência da Black Rio, no seu LP *Refavela* (1977): "era época do movimento Black Rio, com o funk começando por aqui e eu quis gravar algo como aquela versão de 'Samba do Avião'. O disco (*Refavela*) era pra isso, para registrar os 'afrorismos' que havia na época – como era a juju music de Balafon e os blocos afro-baianos de Ilê Ayê." Gil foi criticado pelos "formadores de opinião" de alienado ao reproduzir em seu novo trabalho um movimento que arrastava milhares de jovens negros nas áreas periféricas do Rio inspirado na música negra norte-americana: "A Refavela revela o passo / Com que caminha a geração / Do black jovem, do black Rio / Da nova dança no salão." A letra é uma crônica da emergência da temática negra na vida pública nacional: "A Refavela Revela o salto / Que o preto pobre tenta dar / Quando se arranca do seu barraco / Pr'um bloco do BNH" (Banco Nacional de Habitação).

Mesmo contra algumas vozes mais conservadoras, o sucesso do disco *Maria Fumaça* fez a Banda Black Rio ser recrutada para novas gravações, entre elas, os trabalhos de José Carlos de Souza, o multi-instrumentista Carlos Dafé, um cantor fora do estereótipo dos intérpretes com voz grave do movimento soul. *Habitué* das madrugadas no subúrbio, do início do movimento Black Rio, Dafé chamou a atenção dos tropicalistas pela sonoridade do seu trabalho. O cantor Caetano Veloso, como seu parceiro Gilberto Gil, sempre foi um atento observador do cenário cultural, e percebeu o momento de valorização da africanidade. Ao ouvir o disco de Carlos Dafé, gostou da banda que o acompanhava. Se Gil havia gravado *Refavela*, um álbum no qual fazia a crônica da própria Black Rio, Caetano preferiu atacar em outra frente. Após contato com o maestro Oberdan Magalhães, recrutou a Banda Black Rio para acompanhá-lo nas turnês do seu novo disco, *Bicho*, rebatizada de *Bicho Baile Show*.

A Banda Black Rio fez uma releitura do samba associado aos movimentos identitários e promoveu uma hibridação de gêneros nacionais e internacionais. Como destacou o compositor Júlio Barroso, um dos fundadores da banda Gang 90, "a Banda Black Rio é a fusão do espírito funk suado do subúrbio carioca com a eletricidade dos corpos bronzeados da Zona Sul maravilha. Gafieira Universal revivendo a dança da tradição da cultura negra. Explosão de signos. Rio 40 graus. A negada eletrônica da senzala invade dolente a casa grande. Segue o fluxo eterno da civilização dos tambores" (PEIXOTO; SEBADELHE, 2016).

O movimento Black Rio enraizou-se nos anos 1970 no gosto de jovens negros que buscavam visibilidade para seus projetos artísticos e garantias de direitos. Mas esse movimento só virou realmente Black Rio ou o que chamamos de Rio Negro, a Grande África Soul, quando se deslocou da Zona Sul, dos Bailes da Pesada no Canecão, em Botafogo, para a diáspora negra iniciada no clube Astória, no bairro do Catumbi, sob o comando de Mister Funky Santos. Com o surgimento das equipes de som e a proliferação dos bailes, a Black Rio passa a fazer parte da cena urbana carioca.

2_ O BAILE SOUL: A FESTA DA NEGRITUDE NO RIO DE JANEIRO

Com o soul eu tive o prazer de escolher um caminho pra minha vida. (Zezynho Andrade, dançarino de soul)

Depois de conhecer alguns personagens importantes, estamos chegando à festa, ao baile, à celebração que se dá a partir do encontro propriamente dito. Mas antes é preciso tentar explicitar o que aqui chamamos de festa.

Para o geógrafo francês Paul Claval, a festa é um momento de inversão social e de catarse[1] a assinalar uma ruptura coletiva com o movimento ordinário da sociedade. Marcando os tempos da vida coletiva, cívica ou religiosa, as festas celebram tanto os ciclos cósmicos como os acontecimentos maiores de uma cidade. "São procissões, danças, espetáculos [...] e de intensa emoção, comoção e evasão" (CLAVAL, 2007).

Pode-se concluir que as festas são disparadoras de afetos assim como são produtos destes. Somos afetados pelas festas, no sentido pleno da vida. Elas não somente fazem parte como também fizeram a própria cidade e permanecem em todo o percurso de sua história. As relações complexas entre a festa e a cidade também assinalam como

1_Paul Claval está se referindo ao conceito de Aristóteles dedicado às representações teatrais dramáticas que permitiam aos espectadores vivenciar situações extremas às quais não experimentavam no decorrer da existência para liberar a sua agressividade. P. Claval, *A Geografia Cultural*, São Carlos: EUFSC, 2007, p. 131.

distintas classes e diferentes grupos sociais expressam os seus valores, organizam seu imaginário, fazem circular os seus afetos, constroem espaços de celebração e disputam o significado social e político da cidade (MUMFORD, 1965).

A festa não é um momento de licença para comemorar ou um intervalo nas atividades sociais regulares, ela é um atributo da experiência coletiva como produção das relações sociais cotidianas:

> A festa é uma produção do cotidiano, uma ação coletiva, que se dá num tempo e lugar definidos e especiais, implicando a concentração de afetos e emoções em torno de um objeto que é celebrado e comemorado e cujo produto principal é a simbolização da unidade dos participantes na esfera de uma determinada identidade. Festa é um ponto de confluência das ações sociais cujo fim é a própria reunião ativa de seus participantes (GUARINELLO, 2001).

É no sentido em exposição que festa abriga relações sociais complexas desde seus modos de organização aos seus conteúdos de imaginário. E, por se tratar de evento coletivo, abriga também disputas, negociações e conciliações nos seus rituais de celebração, nos seus discursos de memória, em suas gestualidades, enfim, conflitos que se fazem presentes em suas narrativas estéticas. Portanto, a festa como encontro-celebração-conflito é uma cena de poder em disputa por sua nomeação, ritualização e personificação no espaço geográfico, tornando-se um modo de produção de territórios.

É com esse entendimento mais abrangente do significado do ato de festejar que começamos a construir uma concepção de baile, reconhecendo-o preliminarmente como uma vivência de um lugar para se dançar ao som de músicas, cuja elaboração se dá como linguagem sensível do corpo:

> *Antes que un objeto, el baile es un acontecimiento. Un acontecimiento móvil, fluído en el espacio y efímero en el tiempo. Dura lo que dura una canción... La diferencia de la música que está construída sobre el tiempo, el baile, al igual que la danza, se realiza simultáneamente en el tiempo y en el espacio* (ULLOA, 2004).

Interpretado como festa da negritude, os bailes da Black Rio reúnem os principais elementos constitutivos da festa até aqui em debate, e que passa a ser interpretado também como uma condensação de práticas estético-corpóreas em territorialização, combinando a circulação de afetos, símbolos, valores e corporeidades à construção de pertenças e identidades plurais negras na cidade do Rio de Janeiro.

OS BAILES EMBLEMÁTICOS: O BAILE DA PESADA, O AZULÃO E A NOITE DO SHAFT

Segundo muitos DJs, dançarinos e pesquisadores, o Baile da Pesada detinha a primazia de tocar soul no Rio de Janeiro e no Brasil. É muito possível que outros bailes tenham existido antes ou concomitantemente a ele, mas a organização, o formato e a divulgação do Baile da Pesada foram tão impactantes para a mídia e para o público que acabou ganhando esse lugar de destaque nas narrativas sobre as origens do soul.

O primeiro Baile da Pesada ocorreu em 12 de julho de 1970, no Canecão, um misto de cervejaria e casa de show, no bairro de Botafogo, Zona Sul do Rio. O DJ Big Boy era o animador e Ademir Lemos era o responsável pelos sets. A dupla fazia uma "mistureba" de novidades do rock, do pop. Para o soul era reservado no máximo meia hora, momento em que os dançarinos e dançarinas abriam uma roda para curtir James Brown, Wilson Pickett e Kool and The Gang - segundo alguns pesquisadores quem realmente tocava soul no baile do Big Boy era o DJ Peixinho, uma fera na discotecagem.

Ademir Lemos, também conhecido como o Homem Baile, começou sua carreira artística como dançarino de rock. Já na trajetória como DJ, Ademir ganhou experiência em boates como Jirau e Le Bateau, espaços seminais de uma juventude ávida por entretenimento. Em 1970, Lemos lançou a primeira coletânea produzida por um DJ (de boate) para o mercado fonográfico brasileiro: o LP *Le Bateau* - ao vivo, pela gravadora Top Tape. Logo depois, com o parceiro Big Boy, emplacou o álbum *Baile da Pesada*, da mesma Top Tape. A coletânea da década de 1970 apresentava uma seleção dos principais hits executados pela dupla de discotecários no baile homônimo. O selo pertencia à gravadora da família de judeus pernambucanos Rozenblit que tinha uma das mais importantes fábricas de disco do país. Nas décadas de 1960 e 1970, a gravadora foi responsável pela distribuição de importantes selos de música, como o Motown, sediado nos Estados Unidos. Os Rozenblit também registraram grande parte da produção de frevo do período, sobretudo de Capiba e Nelson Ferreira, no selo Mocambo.

A gravadora Motown, no mercado americano, chegou a ficar entre as cinco maiores do país nos anos de 1960. Focando na black music, lançou os principais talentos que cantavam o orgulho de ser negro na época. O segredo do selo era a sua linha de produção com times de compositores disponíveis para fazer canções sob encomenda para os artistas da casa. Num mercado em que, em média, 30% das canções lançadas conseguem agradar ao público, a Motown conseguia emplacar 65% de suas canções nas paradas de sucesso. O êxito de seu sistema de produção confirmava um forte mercado afro na indústria americana. No Brasil, com o aumento do poder aquisitivo da população negra e a universalização do crédito, resultado do efêmero "milagre" econômico, artistas e uma grande cadeia de produtos (roupas, pentes, sapatos, revistas, óculos) também se beneficiam do novo perfil do mercado cultural.

O DJ Paulinho Black Power fala sobre "sua grande escola", o Baile da Pesada:

> Fui frequentador assíduo dos Bailes da Pesada, desde seu início. Posso afirmar que para mim foi uma grande escola. A maioria dos discotecários da época, hoje chamados de Dee Jay's, com certeza tiveram passagens pelos eventos que se formavam nos Bailes da Pesada, até porque os eventos da dupla eram únicos em nossa região.*

O DJ Big Boy era pesquisador musical e profundo conhecedor do pop, do rock e do soul. Um fantástico garimpeiro de raridades e de novos lançamentos no mercado fonográfico brasileiro – e olha que descolar um fonograma não era nada fácil. Muitas raridades eram conseguidas em sebos ou até mesmo por intermédio de comissários de bordo e amigos que retornavam do exterior. Entre suas proezas mais espetaculares, Big Boy inaugurou uma ligação direta com as gravadoras e artistas internacionais, a exemplo de James Brown que gravou vinhetas especialmente para os seus programas de rádio. Porém, em 1970, reza a lenda que Big Boy protagonizou sua maior aventura. Com um aparelho portátil escondido na roupa, entrou no estúdio da Apple e gravou "Let it Be", dos Beatles. De volta ao Brasil, tocou a música em primeira mão no mundo. Para o cantor, dançarino e compositor Gerson King Combo, "a palavra Black Rio foi um movimento que começou em 1969. Alguém já deve ter falado da equipe de som, mas não era equipe de som, era o Big Boy que tinha um programa na Rádio Mundial."*

DJ BIG BOY

Newton Alvarenga Duarte, o Big Boy, era apaixonado por música, principalmente pelo rock, e acompanhava com lupa os sucessos dos anos 1960. Ainda menino, ia às escondidas do Rio para São Paulo para comprar discos que apareciam primeiro por aquelas bandas. Newton, nascido em 1943, tinha outra ideia fixa desde criança: ouvir o programa "Hoje é Dia de Rock", de Jair de Taumaturgo, na Rádio Mayrink Veiga, a PRA-9.

Big Boy foi uma espécie de difusor do soul (e do som de James Brown) em seus programas nas rádios Tamoio, Tupi e Mundial do Rio, e na Excelsior AM e Record de São Paulo. Em 1964, Big Boy passou a programar sequências musicais na Rádio Tamoio. O jornalista Reinaldo Jardim foi quem apostou todas as suas fichas no jovem professor de geografia do Colégio Aplicação, do bairro carioca da Lagoa, tímido e gordinho. Jardim - que cravou o apelido Big Boy - acreditava que o DJ faria a conexão perfeita entre o rádio e uma massa de jovens recém-chegados ao mercado e ávidos por novidade. Big Boy chegou a apresentar, na TV Globo, um quadro semanal no *Jornal Hoje*. O programa levava o nome do seu bordão de maior sucesso: "Hello, crazy people!"

Ademir Lemos e Big Boy tocavam na sequência coisas como Bobby Bloom (pop), Yes (rock) e Charles Wright (soul) sem que aquilo soasse estranho. E, segundo o DJ Marcão, "o Big Boy gostava muito de Beatles, ele tocava Beatles que Deus me livre, e Beatles é o quê? É puro

Rock..."* O DJ Carlinhos Marambaia descreve sua experiência no Baile da Pesada e o perfil dos frequentadores:

> O baile do Ademir e do Big Boy era bom pra caramba, porque ele tinha uma banda que tocava rock, nos intervalos e soul no vinil... O baile era uma coisa bonita, tipo assim, discos, né, cara, que a gente praticamente quase não tinha aqui, os caras [Big Boy e Ademir] tinham todos os discos de rock, disco de soul, e dois toca-discos. Era o baile da cocota... Cocota era uns cabelinhos enroladinhos, com calcinha caída lá embaixo, sei lá, era estranho, né, cara, é psicodélico, né, era um baile assim... Era hippie, era meio hippie, o Baile do Big Boy no começo era hippie... O Baile do Big Boy era um baile de playboy.*

O perfil do Baile da Pesada era "[...] de público jovem, de classe média para cima", segundo João Marcos Ferreira Filho, o DJ Neném,

> o pobre não ia não, porque o preço do ingresso era caro. O duro não podia frequentar. O Canecão era caro porque não comportava todo mundo, era uma forma de selecionar, entendeu? Uma maneira de você filtrar, porque botasse por R$5,00, ia chover gente, ia estourar o clube, porque era o único baile que tinha, não tinha outro baile, entendeu? Mas o Baile da Pesada era referência, era o lugar que a gente só podia ouvir aquilo lá. No rádio, ele (Big Boy) tinha que tocar música comercial para vender, porque a rádio vive disso, mas no baile, não, no baile ele desafogava. Ele tocava qualquer coisa, e era essa qualquer coisa que a gente queria ouvir, que era o soul, o black music, Four Tops, The Temptations...*

A boa aceitação do público ao baile passou a incomodar os donos do Canecão, que resolveram procurar uma atração artística mais elitista. Assim conta o discotecário Ademir Lemos (*Jornal da Música*, 1977):

> A coisa estava indo muito bem por lá. Os resultados financeiros estavam correspondendo à nossa expectativa. Porém começou a haver falta de liberdade do pessoal que frequentava. Os diretores

> começaram a pichar tudo, a pôr restrição em tudo. Mas nós íamos levando, até que pintou a ideia da direção do Canecão de fazer um show com o Roberto Carlos. Era a oportunidade deles para intelectualizar a casa, e eles não iam perdê-la, por isso fomos convidados pela direção para acabar com o baile.

Curiosamente, em 1971, o próprio Roberto Carlos gravou o soul "Todos estão surdos", em que diz: "não importam os motivos da guerra / a paz é ainda mais importante que eles". Outro elo que liga Roberto ao soul tem a assinatura de Big Boy. O DJ escreveu o texto da contracapa do álbum *San Remo 68*, de Roberto; "essas músicas não pertencem ao passado nem ao presente: de San Remo aos tempos da Jovem Guarda, elas são e serão sempre integrantes da história musical deste talento completo, dessa força mágica, que se chama Roberto Carlos."[2]

Como observou Dom Filó, um interlocutor privilegiado e uma voz que vamos ouvir muitas vezes ao longo deste livro, o preconceito contribuiu (e muito) para a saída do Baile da Pesada do Canecão. Mas em breve o mercado reconheceria a força (power) dessa juventude negra que era apresentada a um consumo com perfil étnico:

> Imagina, vamos deixar eles [os frequentadores do baile] centrados na Rocinha, no Salgueiro, na Mangueira, centrados na Zona Oeste. Por que vir para Zona Sul e estabelecer o seu canal de ação? Era mais ou menos assim: "Aí gera uma pressão no Canecão. Tira, tira! Acaba com isso, porque aqui não vai ser baile black não!". Só que a coisa muda lá na frente, por que? Porque começamos a ser vistos comercialmente, isso é business. Opa! Black, sejam bem-vindos!*

Com os bailes no Canecão encerrados, Ademir Lemos percebeu o potencial do seu público e resolveu levar o Baile da Pesada para clubes do subúrbio e das Zonas Norte e Oeste carioca, chegando a reunir, em alguns bairros, um público superior a dez mil pessoas. No final dos anos 1980, Ademir se lançou como cantor de funk, encabeçando sucessos como "Rap da Rapa" e "Melô do Arrastão." De certa forma, o

2_*San Remo 1968* (CBS) é o décimo oitavo álbum do cantor e compositor Roberto Carlos, lançado em 1976.

Homem Baile anteviu a onda do funk. E não foi só isso: seu parceiro Big Boy decidiu excursionar por várias cidades no país, dando o pontapé inicial em turnês nacionais de DJ.

DJ Neném descreve o caminho de Big Boy pós Baile da Pesada: "depois que o Big Boy se separou do Ademir, [ele] começou a andar, tipo em 1972, 1973. Ele tocou no Olaria, tocou no Orfeão Portugal, eu ia a baile do Big Boy em Petrópolis, Teresópolis, a gente ia atrás." Todavia, o que vale aqui destacar no depoimento de Neném, é como ele descreve a perda de território dos bailes de Big Boy:

> O Big Boy começou a perder terreno porque ele não pensou no suburbano. A cabeça do Big Boy, quase com certeza, e a da estrutura que ele tinha por trás, o Sistema Globo de Rádio, a Mundial, ele não pensou em suburbano. Agora, onde que eles começaram a perder terreno? As pessoas começaram a aprender o que eles fizeram, entendeu? Eu aprendi! O Santos aprendeu, o Corello aprendeu, o Paulão aprendeu! Por que esse cara pode fazer isso, e eu não posso fazer? O que ele tem que eu não tenho?*

Apesar de o baile da pesada ser uma "grande escola", o produtor e ativista do movimento negro Dom Filó afirma que não foi no Canecão que surgiu o soul no Brasil:

> Costumam atribuir a Big Boy e Ademir Lemos, no Canecão, o surgimento do soul no Brasil. Mas isso não é verdade! O fato é que nós tínhamos intervenções no subúrbio por conta de vários outros companheiros, que se reuniam pra fazer festas nas casas antes deles.*

O dançarino, fotógrafo e militante do movimento negro, Zezynho Andrade, segue na mesma reflexão de Dom Filó, "nós tínhamos encontros de soul com radiolas localizados em Oswaldo Cruz, no Águia de Ouro, desde 1969. Muitos frequentadores ainda estão vivos e precisamos comemorar agora, em 2019, a Boda de Ouro do Soul."* Zezynho cravou 1969 como o ano seminal do soul.

A busca pelo mito de origem de um movimento, sobretudo quando é fruto de tantas lutas como no universo da negritude, gera debates calorosos. No cerne dessa disputa, estão os muitos projetos e visões de mundo que envolvem a origem mítica e romântica de determinados fenômenos. Essa disputa de memória, de narrativas inaugurais, é emblemática em nosso meio musical (levando em conta que a música é a nossa arte com maior presença nacional e internacional). Nesse cenário conflituoso, o "novo" tende a apagar o "velho", por mais que saibamos que o novo é resultado de um processo longo e por vezes doloroso. O que seria da bossa nova sem o samba canção de Antônio Maria e a música de Johnny Alf? Qual samba é o seminal, o de Salvador, mais rural, ou o carioca, urbano, divulgado para o Brasil pela radiofonia? Quem construiu a ideia de época de ouro da música brasileira entre os períodos de 1930 e 1950? Por que Noel Rosa foi praticamente esquecido logo após a sua morte e é hoje um compositor cultuado pelos formadores de opinião? Ora, sem entrar no polêmico olhar estético das obras e muito menos nas arriscadas escolhas valorativas entre os artistas, o que podemos perceber é que a memória está sempre em disputa na sociedade por grupos sociais que tentam legitimar o seu lugar de fala e de escuta. O que nos interessa aqui é entender o esquecimento, o silenciamento de muitos atores, grupos sociais e territórios da Black Rio ocultados durante décadas pelas narrativas "oficiais" da música brasileira.

O BAILE DO ASTÓRIA: A PORTA DA GRANDE ÁFRICA SOUL

Se o Baile da Pesada foi o "marco zero" da divulgação do soul, o baile do Clube Astória, no Catumbi, sob a batuta de Mister Funky Santos, com DJs, equipe, estilo, performance, atitude, e voltado para a comunidade negra, é a nascente desse Rio negro musical que deságua até hoje nos subúrbios, favelas, periferias e cidades da área metropolitana do Rio de Janeiro. Aí surge a Black Rio com todos os seus afluentes. Pegando emprestado o termo "África em miniatura" ou "Pequena África" (MOURA, 1995), utilizado pelo compositor e sambista Heitor dos Prazeres, no começo do século XX, para caracterizar o bairro da Cidade Nova; o bairro do Catumbi e adjacências, no decorrer das décadas, também se tornaram um território central da afrodescendência, reunindo práticas culturais emblemáticas na composição da sociedade carioca, como o samba, a capoeira, o candomblé e a umbanda. É nesse cenário que surge o que vamos chamar de A Grande África Soul.

Há uma controvérsia sobre a origem do nome Catumbi que batiza o tradicional bairro carioca. Alguns estudiosos apontam a origem indígena da palavra Catumbi, que significa "rio na sombra", em tupi.[3] O referido rio descia do Morro do França, em Santa Teresa, e desaguava na Baía de Guanabara. Uma outra linha de interpretação indica a associação a uma dança negra, denominada Catumbi ou Ticumbi. A dança representa o confronto entre duas nações africanas, os reis congos e os reis bombos, e é entoada por marchas e marchas-fogo, acompanhada de pandeiro e batuque de tambores. A rica composição demográfica da região, com imigrantes europeus, ciganos e forte presença negra ajuda a deixar mais nebulosa a origem do nome do bairro. O que podemos afirmar com certeza é o seu perfil musical na história do Rio.

O Catumbi faz o "meio de campo" dos bairros que compõem parte do complexo cultural do samba carioca: Estácio, Cidade Nova, Rio Comprido e o conjunto de favelas do São Carlos, Fogueteiro, Mineira e Prazeres. Foi no sopé do Morro do São Carlos que Ismael Silva, Brancura, Baiaco, Bidê e Marçal fundaram, em 1928, a "pioneira" escola de samba da cidade, a Deixa Falar. No bairro está localizado o Sambódromo, palco das escolas de samba, construído nas cercanias de onde era a outrora renomada Praça Onze, centralidade do carnaval carioca, principal território de festa de sociedades, ranchos, cordões, escolas e blocos nas primeiras décadas do século XX. Foi também no Catumbi que o negro Pixinguinha - o maior nome do choro de todos os tempos - viveu sua infância, na Pensão Vianna. E foi no fundo de dois botequins do bairro, esse "patrimônio de sociabilidade do carioca", como gostava de definir o compositor Aldir Blanc, que surgiram o bloco carnavalesco Bafo da Onça e o Astória Futebol Clube, espaço mítico na história dos bailes da Black Rio.

A Pensão Vianna rememora as antigas chácaras dos tempos áureos do bairro. No velho casarão (de oito quartos, quatro salas e um amplo quintal), Seu Alfredo (pai de Pixinguinha) alugava alguns cômodos para os amigos músicos -, e por isso o imóvel entrou para a história como Pensão Vianna. Entre os músicos da hospedaria havia nomes importantes da época, como o trompetista Bonfiglio de Oliveira, o compositor Sinhô (o "Rei do Samba") e o instrumentista Irineu de Almeida - também conhecido como Irineu Batina, professor de música

3_Ver: R. Rosa, Dança do Catumbi será registrada como patrimônio cultural de Santa Catarina. Fundação Catarinense de Cultura, Santa Catarina, 18 de dezembro de 2018, P. Schprejer, Black subversivo, 30 de novembro de 2009 e *Catumbi - uma tradição negra*, de Zeca Nunes Pires (BRA, 20 min, cor, 1988).

do pequeno Pixinguinha. Na Pensão do seu Alfredo eram promovidos saraus ao som das melodias dos violonistas João Pernambuco, Quincas Laranjeira e Sátiro Bilhar, de Candinho Trombone, do flautista Juca Kalut, do trompetista Luís de Souza e do maestro Heitor Villa-Lobos com seu violão.

No princípio do século XX, o bairro do Catumbi abrigava agremiações carnavalescas conhecidas na redondeza, como os ranchos carnavalescos Unidos do Cunha, Inocentes do Catumbi, União dos Caçadores e os blocos Vai Quem Quer e dos Zapatas. Entretanto o mais famoso dos blocos foi criado em 1956: o Bafo da Onça. Seu principal fundador era um carpinteiro e policial chamado Sebastião Maria; um sujeito que, durante os dias de carnaval, formava uma espécie de "bloco do eu sozinho" e costumava sair pelas ruas fantasiado de onça-pintada. Seu Tião Carpinteiro tinha ainda o hábito salutar de abrir os trabalhos em 6 de janeiro, no dia de Santos Reis. A data marcava, para ele, o início das festas de Momo e decretava o encerramento do carnaval na quarta-feira de cinzas. Até que, uma rapaziada do Catumbi, liderada por Carpinteiro, resolveu criar um bloco de carnaval. Todos sairiam fantasiados de onças-pintadas. Dado o teor etílico dos componentes, o nome do bloco já nasceu pronto. A popularidade foi tamanha que o próprio Bira Presidente, fundador do Cacique de Ramos, outro bloco histórico do Rio de Janeiro, já revelou e repetiu diversas vezes que um dos objetivos da criação do Cacique era superar as onças-pintadas do Catumbi.[4]

Alguns bailes black – guardadas as devidas proporções – tiveram uma trajetória típica dos encontros musicais "de casa", "caracteristicamente

4_"As intervenções urbanísticas no bairro resultaram em uma reorganização demográfica que incidiu diretamente nas fruições culturais do território; casarios foram arrasados, ruas e espaços de sociabilidade destruídos, levando dezenas de famílias a abandonarem o bairro. É o costumeiro olhar elitista do Estado, comandado por técnicos detentores do saber, que se apropriam e reorganizam os espaços sociais da população, criando uma cultura secular de exclusão econômica dos mais pobres, ao mesmo tempo que apaga os seus registros no território, as suas memórias: "Poucos bairros cariocas sofreram tanto com as reformas urbanas que, vez por outra, marcam a cidade. Ao longo das décadas de 1960 e 1970, o Catumbi foi sendo devastado. A abertura do túnel Santa Bárbara e, especialmente, a construção do viaduto Trinta e Um de Março, dividiram o bairro em dois pedaços, ocasionaram a demolição de imóveis centenários e a destruição de quadras inteiras. Em nome da reestruturação urbana do Rio, o Catumbi se transformou em um bairro de passagem, perdeu a maior parte de seus moradores e deixou de ser um centro de referência para a comunidade, com suas vivências, saberes, hábitos cotidianos e visões de mundo [...]" (L. A. Simas; D. Diogo, Cunha. *Princípio do infinito*: um perfil biográfico de Luiz Carlos da Vila, Rio de Janeiro: Numa Editora, p. 51).

suburbanos", como os que aconteciam na Pensão Vianna. Eles começaram como festas sociais, no estilo "festa compartilhada", e passaram a ser organizados em clubes sociais e escolas de samba. Certamente o "clima de festa" que permeava o bairro foi um estímulo para o DJ Mister Funky Santos criar no club Astória - o Azulão do Catumbi - o primeiro baile black da Grande África Soul.

Fã de carteirinha do DJ Lemos e dos Bailes da Pesada, Oseas dos Santos era ouvinte frequente dos programas de Big Boy nas rádios Mundial e Tamoio. Mais tarde, o próprio Oseas teria programas nas rádios Imprensa e Roquette Pinto. Por influência dos pioneiros Big Boy e Ademir, Oseas organizava pequenas festas de bairro do Catumbi - conhecidas como "festas americanas". Eram reuniões informais em que os convidados levavam comida e bebida e dançavam ao som de músicas, prioritariamente estadunidenses, com discos tocados em eletrola. Foram nessas pequenas festas que Oseas deu seus primeiros passos como DJ, por volta de 1969.

Mas antes de tomar a frente no Astória Futebol Clube, Santos era de uma turma roqueira - fã de Led Zeppelin e Jimi Hendrix - junto a uma rapaziada do Morro da Mineira, no Catumbi. Já nessa época, Oseas ostentava um grande penteado, uma cabeleira no estilo black. O jovem ralou como assistente de palco de bandas de rock, entre elas, a famosa banda Renato e Seus Blue Caps, um grupo de garotos moradores do bairro da Piedade, que outrora se chamava Bacaninhas do Rock da Piedade. Como assistente de palco, Oseas aprendeu a trabalhar com som e iluminação, atividades fundamentais para o sucesso do futuro DJ nos bailes.

Em 10 de novembro de 1971, Oseas pediu o clube para a diretoria do Astória. Pretendia realizar um baile maior que as *festas americanas* que organizava. O Astória Futebol Clube foi fundado em 23 de outubro de 1934. A última sede do clube ficava justamente na Rua Catumbi, 65. Além do futebol, o Astória contava com outras modalidades esportivas: basquete, vôlei e tênis de mesa. Contudo o clube entrou num declínio nos anos 1970. O fim da linha aconteceu no dia 9 de maio de 1975, quando o Astória Futebol Clube se fundiu com o Sport Club Minerva, dando origem, mais tarde, ao Helênico Atlético Clube.

Porém antes do Azulão do Catumbi se fundir com o Sport Clube Minerva, em 1971, Oseas reuniu um grupo de sete amigos para a empreitada. Só que na hora H ficou sozinho e resolveu alugar um pequeno equipamento de som - ainda que precário -, dois toca-discos, alguns amplificadores e seis caixas de som. Assim, o futuro DJ Mister Funky Santos iniciava sua trajetória como um dos fundadores, talvez o pioneiro, da cena Black no Rio de Janeiro.

Segundo o próprio Mister Funky Santos,

> o soul começou com Big Boy, Ademir Lemos e Monsieur Lima por volta de 1969, 1970. Eles eram profissionais e eu então, de repente, entrei numa de curtir um sonzinho. Comecei no Astória que depois se fundiu no Minerva. Comecei fazendo um show diferente do Big Boy. Era o seguinte: o soul que o Big Boy lançava era bacana, mas não era aquilo que o pessoal queria. Ele tinha uma boa discoteca, mas começou a ficar ultrapassado. Porque o negócio dele era mais comercial. Aí eu entrei com um soul pesado, marcando, e apanhei o público de Big Boy. É por isso que a rapaziada me considera uma espécie de pai do soul (PEIXOTO; SEBADELHE, 2016).

Apesar de cutucar um pouco Mister Funky Santos, o cantor e compositor Gerson King Combo reconhece o pioneirismo do baile do Astória:

> Mister Funky Santos, ele não era equipe, por isso que eu não falo nele. Mister Funky Santos não botava os discos. Os primeiros bailes [do Santos] não era equipe de som, era uma caixa de som com uma vitrolinha lá, que era do clube que ensaiava. Mas o Astória foi um dos primeiros bailes black na concepção da palavra.*

A mixagem no Azulão do Catumbi era feita na chave do próprio amplificador. E não era só isso. A iluminação do baile é um ponto digno de nota: só com feixe de luz sobre todo o salão e uma pessoa em cima de uma cadeira fazendo esses movimentos. Logo o baile ganhou regularidade e um público médio de 1.500 pessoas. Um baita sucesso para os padrões da época. A cada domingo, o clube recebia um público ávido para se encontrar e dançar ao som de um tipo de música que antes só se podia ouvir em programas de rádio com DJs especializados e em LPs. Os frequentadores vinham de vários bairros cariocas e marcavam presença religiosamente nos bailes. Era o momento de construção de uma forte identidade negra estimulada pelo cenário musical.

Mister Funk Santos, além de discotecar, descia do palco e conversava ao pé do ouvido com os frequentadores do baile, em uma atitude típica de um mestre de cerimônias. Nesse processo, o DJ amador resolveu se profissionalizar. Fundou sua primeira equipe de som, a Pôr do Som; logo rebatizada como Santos Equipe, depois Santos Equipe de Soul, Brazilian Santos e, por fim, Mister Funky Santos.

DJ Neném coloca na conta do Astória o marco zero dos bailes black:

> Nessa época... [...] a gente não tinha facilidade para comprar discos, a gente comprava disco nacional, o que tinha de disco nacional a gente comprava. Eu tinha minha coleçãozinha em casa, o Corello tinha a dele, o Bruxo a dele. A gente levou isso para o primeiro baile que a gente fez de porta aberta, não vamos cobrar nada de ninguém, vamos fazer uma experiência, e deu pé, deu certo. O Santos se entusiasmou, a diretoria do clube se entusiasmou. E no domingo seguinte [a gente] fez de novo. O nome do baile era Curte Som. Não tinha assim "Neném DJ", não existia, ou "Santos DJ". Era só Curte Som. Eu tenho até hoje uma filipeta em casa. Eu guardei esse documento todinho, porque passa o tempo e você perde aquilo. Aí o negócio foi andando para frente e como o Santos sempre foi um cara grandão, um cara falador, ele foi tomando vulto no evento, ou seja, o evento passou a ter a cara do Santos. Aí a gente assumiu, na boa. A gente não tinha nenhuma pretensão financeira, artística: "Ah! Vamos virar artistas!", "Vamos ser os caras que inventaram!". Nunca passou isso pela minha cabeça. Cara, o negócio cresceu assim assustadoramente, ia todo mundo, e de outros bairros para o baile lá. Virou uma referência, tipo assim, ia nego de Rocha Miranda, de Niterói. Ali é o marco zero...*

Dom Filó discorre sobre o surgimento do soul, sobre a influência do Astória em sua trajetória e também sobre a dificuldade de se determinar o pioneirismo do movimento:

> Veja bem, o soul, ninguém pode dizer assim: "Eu comecei". Isso não existe! Quem difundiu, publicizou, vamos chamar assim, foi

> Big Boy e Ademir. O Big Boy por conta de ser um radialista, de estar na mídia, mas ele não tinha uma coisa só de soul, de fazer um baile de soul, não. O Baile da Pesada era tudo. E tinha um cara produtor, chamado Ademir Lemos, um cara articulado que era do rock, ele que era o cabeça, o mídia da parada. Enquanto isso tinha um cara que trabalhava carregando caixa, na equipe do Big Boy, no Baile da Pesada, que se chamava Mister Funky Santos, que tinha acesso a toda aquela musicalidade. Mas ele falou: "Bicho, eu vou fazer um baile só de soul!". E fez um baile só de soul, que entrou para a história. E [foi] esse baile que me inspirou...*

Para Oseas Moura dos Santos, o Mister Funky Santos, filho do morro do São Carlos, o seu baile teve a primazia de valorizar a juventude negra:

> Olha, meu irmão, sou crioulo, sim, sim, bonito, moro no morro e eu sou, e quero ser eu; de abrir os olhos para o estudo, o teatro, a luta contra o sistema, a autopreservação. O movimento Black Rio, pra mim, foi realmente o início de uma nova era para todo negro, pra todo pobre, pra toda uma geração. Enfim, abriu a cabeça de muita gente.[5]

A NOITE DO SHAFT

Foi depois de uma ida ao baile de Mister Funky Santos, no Astória Futebol Clube, na década de 1970, que Dom Filó teve a luminosa ideia de levar uma proposta semelhante para o Clube Renascença, no Andaraí:

> Chegamos lá, dois mil negros dançando, tudo escuro, tinha uma cadeira, com uma caixa em cima com uma luz, era a iluminação. Ali eu falei: "Essa é a parada!". Só que era só música, sem droga, sem violência, sem nada, a galera bebia guaraná e queria curtir o soul.*

5_Entrevista retirada de: T. Fawcett, *Projeto Brazil Soul Power.*

DOM FILÓ, O JAMES BROWN DOS BLACKS

Asfilófio de Oliveira Filho nasceu em 1949 e viveu a infância e a adolescência no bairro de Jacaré, na região da antiga freguesia do Engenho Novo, na Zona Norte do Rio. Dom Fil, ou como ficou grafado na história, Dom Filó, é nome artístico adotado entre os soul blacks. Filó é engenheiro de formação e fez de tudo um pouco na vida: vendeu carros – seu pai era dono de uma agência de automóveis, calças Lee e até perfumes importados. Atuando no cenário da cultura negra carioca desde os anos de 1960, Filó teve participação importantíssima entre os moradores das favelas cariocas da Zona Norte no combate à doença de Chagas. Como estratégia e garantia de animar e conscientizar os jovens, anunciava que as palestras seriam seguidas de uma festa e convidava jovens dos morros do Salgueiro, Mangueira e dos Macacos para os encontros no clube Renascença. Estava pronto o público para a futura Noite do Shaft.

A melhor condição social de Dom Filó, da massa black, como universitário e proprietário de um automóvel, facilitou sua circulação pela cidade e seu aprendizado do universo black music,

> [...] Eu, por exemplo, recebia informações diretamente de lojas especializadas que vendiam, na época, os LPs e compactos, a Billboard, a Sinfonia, todas elas na Zona Sul, poucos tinham acesso a essas lojas, mas dada a minha condição de universitário e ter sido considerado, naquela época, uma classe média, eu também tive acesso da Zona Sul e a Zona Norte, porque eu tinha carro disponível e isso na época era muito difícil. Com essas possibilidades, a informação chega primeiro, você é privilegiado.*

Em 1972, Filó passou, com o amigo Haroldo de Oliveira, ator e diretor teatral, a fazer parte da diretoria do Renascença Clube. Além de tocarem a programação de samba e soul, os dois remontaram o clássico *Orfeu da Conceição*, com o ator Zózimo Bulbul no papel-título. A relação de Dom Filó com a música é patente em toda sua história de vida. Nos anos de 1980, com o avanço da disco music e do funk, Filó abandona os bailes da Black Music e dá uma reviravolta na sua carreira. Cria a produtora Cor da Pele, em 1988, e passa a atuar na área de comunicação, montando um acervo digital fantástico sobre a cultura negra brasileira. São mais de 1000 horas no YouTube do projeto Cultne, uma referência obrigatória para quem pesquisa nossa cultura afrodescendente em depoimentos, filmes e imagens. Há registros da visita de Bob Marley ao Brasil em 1970, de Nelson Mandela em 1991, até a de Michael Jackson, dirigido por Spike Lee, na Bahia.

Rodando pela cidade com seu automóvel, bem raro entre os blacks da época, Dom Filó encontrou o DJ Luizinho, na boate One Way, e desse encontro materializou-se o projeto de criar um baile no Renascença. "Ali [nas boates] que eu encontrei quem seria o meu DJ, o DJ da Soul Grand Prix, o Luizinho Disc Jockey Soul, que já faleceu. Ele era um DJ da Zona Sul, apaixonado pela black music e tocava essas matérias. E eu o convidei quando montei a Soul Grand Prix."*

Luizinho Disc Jockey Soul, Luiz Seltzer, era um jovem branco, craque no manuseio de discos e de aparelhagens nos bailes. Para o DJ Paulinho Black Power, a discotecagem era um dos pontos principais da festa do Renascença:

> Luizinho não deixava barato para ninguém. Luizinho Disc Jockey Soul se identificou muito rápido com o Movimento Black no Rio de Janeiro e se encaixou como uma luva na equipe Soul Grand Prix. O cara tinha uma visão de pista que poucos da época tinham. Eu vim a saber depois que o responsável pelo sucesso do Luizinho Disc Jockey Soul partiu do nosso embaixador Dom Filó, quem trouxe ele para o nosso convívio.*

Para batizar o baile no Renascença, Dom Filó se inspirou no filme *Shaft*, do diretor Gordon Parks. Lançado pela MGM em 1971, o filme conta a história do carismático detetive John Shaft (protagonizado pelo ator Richard Roundtree), que trafega no Harlem e se envolve com a máfia italiana para encontrar a filha desaparecida de um traficante negro. O álbum da trilha sonora de *Shaft*, gravado por Isaac Hayes, foi vencedor do Oscar de melhor trilha sonora original de 1972. O filme teve três sequências: *Shaft's Big Score*, em 1972, e *Shaft in Africa*, em 1973. Seguidos pela série de TV *Shaft*, indo ao ar pela rede de televisão norte-americana CBS, de 1973 a 1974. Em 2000, foi feita uma sequência estrelada pelo ator Samuel L. Jackson no papel principal.

Shaft é talvez o maior nome do "blaxploitation" - movimento cinematográfico estadunidense que surgiu no início da década de 1970, com filmes protagonizados e realizados por atores e diretores negros. Assim como o carismático detetive particular John Shaft andava pelo Harlem para desvendar os seus casos, no mesmo bairro nova-iorquino surgiram as pistas para o nome de um clube na Zona Norte carioca de Lins de Vasconcelos.

CLUBE RENASCENÇA: A CLASSE MÉDIA NEGRA NOS BAILES BLACK

Fundado em 17 de fevereiro de 1951, no Lins de Vasconcelos (depois é que o Renascença foi parar no Andaraí), o nome Renascença prestava uma clara homenagem ao movimento Harlem Renaissance, promovido na década de 1930 pela elite intelectual negra de Nova York. O Rena, como é mais conhecido pelos seus frequentadores, reunia, à época de sua fundação, 29 sócios na diretoria: 11 homens e 18 mulheres. Todos eram negros e profissionais liberais, reforçando a existência de uma classe média negra em ascensão social.

Se na década de 1950 os associados do Renascença realizavam - prioritariamente - saraus e encontros sociais, o perfil mudou consideravelmente na década seguinte. Em 1960, o clube passou por um período de popularização com rodas de samba e concursos de miss negra. Ficou até conhecido como o "clube das mulatas". Era, de certa forma, a consolidação da ascensão socioeconômica do negro na sociedade e da sua participação na construção do "mito das três raças e da democracia racial". Dom Filó tinha consciência do desgaste do clube ao ser conhecido como das "mulatas" e da necessidade de torná-lo mais popular com a roda de samba e os bailes black:

> O interessante disso tudo é que quando nós voltamos para o Renascença Clube, nós do departamento cultural, tínhamos uma missão, a nossa missão era: o clube era considerado o clube das mulatas e aquilo para nós não era legal, queríamos mudar essa imagem. E foi quando nós entramos com a coisa da cultura,

criamos a roda de samba, que foi a primeira roda de samba do Brasil, apadrinhada pela Elizeth Cardoso. Ali começaram Beth Carvalho, João Nogueira, Martinho da Vila, Roberto Ribeiro, tudo no Renascença Clube. O Renascença é a matriz de muita coisa. Aí, com isso, eu consegui que o domingo fosse do departamento cultural [...]. Fizemos uma parceria com o Instituto Cultural Brasil-Alemanha, eles cediam o equipamento 16 mm, com filmes de Soul, Jazz, R&B, em contrapartida a gente chamava todos os jovens da comunidade para assistir, mas antes tinha que assistir uma palestra sobre a doença de Chagas, porque a comunidade naquela época sofria muito com os barbeiros, os insetos que tinham dentro dos barracos. Os barracos não eram de tijolos, eram de madeira de pau-a-pique, e os insetos, aquilo ali a doença era muito grande. Aí o que nós fizemos? Quinta-feira, reuníamos a galera, som na caixa e depois "galera, vocês vão ver os filmes, mas primeiro a palestra". E pá, pá, pá! E aquilo foi crescendo e virou quase um baile. Aí nós falamos: "Peraí, bicho. Vamos montar um baile de verdade, no domingo à tarde. À vera. Vamos fazer no domingo para não conflitar com o Santos [refere-se a Mister Funky Santos e seu baile no Astória]!" Só que nós, todo mundo da área da dramaturgia, artística e tal, já deu um brilho na parada. Luz de teatro já virou luz de baile, as caixas já começaram a ser montadas, toda uma cena. Aí entra a cena em que eu acho que eu devo ter sido o primeiro MC do Brasil, por conta de que eu não era um DJ só. A minha missão era a mensagem que eu passava, embora sendo DJ, preferia deixar a cargo dos DJs Neném, do DJ Luizinho, essa parte toda.*

Em 1970, com a Noite do Shaft, outro perfil entrou em cena no Renascença. A ascensão de movimentos como o dos Panteras Negras, nos Estados Unidos, provocou mudanças no clube, que passou a seguir uma linha mais engajada, gerando um conflito entre gerações. A nova geração era herdeira, mas também era crítica da tradição construída ao longo da história no Renascença. Para uma geração mais antiga, a construção de uma identidade negra deveria surgir através do samba. Mas, para os jovens, a black Rio era o que melhor expressava o *ethos* de uma "alma negra", inspirada nas lutas e conquistas da comunidade negra pelo mundo. A juventude negra queria gritar "black is beautiful!"

Sendo assim, instaurou-se uma rixa entre adeptos do samba e do soul, na qual os últimos criticavam os primeiros por conta do tipo de sociabilidade instaurada pelas rodas de samba - veremos isso com mais propriedade à frente. Outro ponto importante é que somente a terceira geração do clube, a que frequentava os bailes black, estabelece relações de fato com os negros pobres, algo que não havia sido feito nem pela geração dos fundadores nem pelos precursores das rodas de samba.

Mas nem mesmo esse conflito de gerações impediu o sucesso da Noite do Shaft - e não eram poucos também os jovens que frequentavam o soul e o samba. As noites no Renascença tinham uma vinculação direta com a questão da negritude. Com Dom Filó à frente da diretoria, ocorreu a primeira edição em 1972:

> Pegávamos uma Kodak e fotografávamos. A garotada que ia ao baile anterior se via nas semanas seguintes. Eu cortava, fotografava e fazia o slide. Ali a gente tinha a foto do Januário ao lado do James Brown, do Isaac Hayes. Assim a gente associava a questão da autoestima. E havia também as mensagens: "Eu estudo, e você?" "Família negra, seu brilho está em como você se vê". O cara está dançando aqui e está se vendo lá. Era autoestima pura. E tinha a hora da parada do baile, música lenta, e nessa hora você passava a mensagem, que era o nosso forte. Todo mundo se vendo e olhando para o público. Nossa autoestima era, até então, muito ruim, dentro de casa a gente se autodiscriminava. Se o cabelo estivesse passando um centímetro, já era macaco. Os moleques davam cascudo na gente. A gente estava cansado daquela onda. Aquilo era muito careta (OLIVEIRA FILHO; CARDOSO; MEDEIROS, 2009).

O "pulo do gato" no baile do Renascença, como comentou Filó, "era a mistura de imagens dos filmes com as imagens de slide dos frequentadores. Aquele efeito quase pirotécnico, fazia a galera vibrar e se ver com orgulho próprio. A autoestima aumentava e aquilo trazia mais gente. Foi uma bola de neve."* Além dos frequentadores, muitas imagens exibidas "no paredão branco" eram de personalidades negras, James Brown, os Jackson Five, Muhammad Ali. Outras imagens eram retiradas de revistas americanas como a *Ebony* e de trechos dos filmes *Superfly* e *Wattstax*. Este, por exemplo, era considerado o Woodstock negro. Documentário de 1973, dirigido pelo diretor Mel Stuart, *Wattstax* não teve exibição comercial no Brasil. Foi "lançado" em pequenos trechos nos bailes cariocas. O filme retrata o festival de música de 1972, no bairro de Watts, em Los Angeles, organizado pela gravadora Stax - à época, a principal concorrente da gravadora Motown no mercado da Black Music.

Gerson King Combo relata a frequência de uma "negrada VIP" no Clube Renascença:

> Fui no Filó, no Renascença Clube, era o Filó, o Nirto, já tinham uma equipe. Foi a primeira vez que eu vi onde se reunia a negrada VIP. Os crioulos, os negros, na época, era a Aizita Nascimento que foi a primeira Miss negra, era Vera Cortes, eram diretores e gerentes de banco. Era onde os caras negros se sobressaíam. Foi lá que eu vi pela primeira vez um baile só de música black. Nos outros bailes tocava todo tipo de música, pagode, samba...*

Dom Filó, da mesma forma que Mister Funky Santos, criou uma nova maneira de atuar. À época, os DJs tocavam de costas para o público porque viam o Big Boy fazer desse jeito. Nos bailes black, os DJs adquiriram uma nova performance, passaram a ser animadores, mestres de cerimônia e tornaram-se famosos. Organizavam concursos premiando os cabelos blacks mais bonitos, escolhiam os melhores dançarinos e os frequentadores mais parecidos com astros do soul.

Realizadas todos os domingos, as Noites do Shaft duraram três anos de forma ininterruptas, de 1972 até 1975. Com o aumento do público, e uma reforma no Clube Renascença, a Noite do Shaft foi transferida para clubes maiores, como o Maxwell, em Vila Isabel, e o Cascadura Tênis Clube, em Cascadura. Dom Filó descreve o fim dos bailes no Rena:

> O Renascença Clube parou e ganhou dinheiro e foi fazer a grande obra. O baile foi para o Clube Maxwell, e o Maxwell fez um novo Maxwell, todo de mármore, ali na Tijuca, ali entre Andaraí, Vila Isabel, por ali. Enfim, então começou a virar um *business*, e aí a coisa muda.*

Dom Filó, com a fama do baile, criou a equipe de som Curtisom (com patrocínio de uma loja no Leblon). No auge da forma, a equipe era composta por um DJ principal, Luizinho, e a parte empresarial ficava por conta de Nirto Batista de Souza, primo de Dom Filó. Mas o nome foi rebatizado para SOUL GRAND PRIX. Começava uma nova fase: a Era das Equipes! E com ela, a expansão dos bailes black em clubes e quadras de escolas de samba na cidade, particularmente na Zona Norte e na Zona Oeste, configurando uma extensão na direção dos chamados subúrbios ferroviários.

A ERA DAS EQUIPES

> *"A gente tocou até em garagem de ônibus."*
> (DJ Paulinho Black Power)

> *"Era uma geração de seguidores de caixa de som."*
> (DJ Sir Dema)

Grande parte dos bailes da Black Rio, do Rio Negro, da Grande África Soul, acontecia no que se convencionou chamar, geograficamente, de subúrbio. Mas a construção histórica da imagem de subúrbio foi distorcida em relação à sua dinâmica econômica, social e cultural. Essa distorção é nítida quando se trata da imagem dos transportes públicos como o bonde e o trem. Para o geógrafo Nelson da Nóbrega Fernandes (2001),

> é preciso, antes de tudo, desnaturalizá-los. Isto é, não tratá-los segundo significações que lhe deram *a posteriori*: bonde "fazendo" a Zona Sul para a elite e setores médios, o trem "fazendo o subúrbio para o proletariado". Isto é, o bonde promoveu não só aqueles subúrbios que no século XX atingiram a nomenclatura de bairros - a Zona Sul e a Zona Norte - como também contribuiu para o desenvolvimento de muitos daqueles subúrbios e bairros atendidos pela ferrovia.

Essa imagem negativa construída do que hoje se chama de subúrbio mascara um território extremamente rico de atividades culturais e de lazer. Territórios que mudaram os seus perfis demográficos no decorrer das décadas do século XX, ao receberem moradores pobres de diversas áreas da cidade, removidos de suas casas devido a uma concepção elitista de planejamento urbano, mas que de maneira nenhuma perderam a capacidade criativa de se reinventar apesar da ausência do poder público em muitos bairros.

Com o fim dos bondes, o trem cria uma nova forma de sociabilidade no momento em que a cidade se adensa demograficamente e a modernidade excludente assume ares de realidade. O trem ocupou um "imaginário musical" para uma significativa parcela dos cariocas. Para quem quisesse sair da Zona Sul, da região portuária, ou do centro da cidade para curtir um reduto de samba, de jongo e outras festas populares, um dos roteiros mais utilizados era pegar o trem da Central do Brasil e rumar para Madureira ou Oswaldo Cruz, territórios da Portela e do Império Serrano, respectivamente (a black Rio também fará esse trajeto saindo da "Zona Sul", de certa forma). O compositor Marquinhos de Oswaldo Cruz, na letra da música "Décima sexta estação", faz uma viagem de trem ao subúrbio de Oswaldo Cruz para descrever a relevância do transporte para a comunidade portelense:

> Décima sexta estação de trem
> Do ramal da Central do Brasil
> O que lá mais tem?
> Trabalhadores humildes,
> Gente de bem
> Que fazem samba
> Com poesias mil
> Em Oswaldo Cruz,
> O samba corre em nossas veias...
> Terra de Monarco, Argemiro
> Tia Doca, Surica e Candeia
> Esta velha guarda
> Que para o samba é a verdadeira luz
> Tenho orgulho dessa terra
> Que se chama Oswaldo Cruz

Marquinhos tem uma história peculiar e, além de portelense, é admirador de Candeia que, por sua vez, teve uma midiática "rixa" com os blacks quando em sua propalada composição, "Sou mais o samba", cantava que os "os blacks de hoje são os sambistas de amanhã." Marquinhos levou ao pé da letra a profecia do mestre Candeia. Quando jovem, curtia os bailes da Black Rio pela cidade: "Dançando sempre e aumentando, com isso, a minha autoestima... O James Brown seria um cantor de partido alto aqui, eu vejo muita familiaridade das suas músicas até hoje. Eu tenho muito orgulho de ter ido ao baile de soul, isso me despertou muita coisa. Fechava, às vezes, em um grupo, e ao mesmo tempo foi bom para minha autoestima. Eu me lembro muito de um baile que meu pai falou: ´Esse cara é o Gerson. É o Gerson King Combo!' Eu fui em todos os bailes que você possa imaginar... Mas depois, pela minha origem, meu envolvimento, virei sambista..."[6]

No decorrer do século XX, o trem passa a ser um espaço privilegiadíssimo de encontro e de formação de novos padrões de sociabilidade. A estação de trem vira o eixo, o centro da vida nos bairros, propiciando o surgimento, ao seu redor, de pontos de encontro para as conversas e para os pequenos comércios, como quitandas, açougues, farmácias, armarinhos. É caminhando com o trem que olhamos com mais propriedade as paisagens urbanas e podemos, longe dos estereótipos, destronar os preconceitos construídos sobre o subúrbio.

> [Há] uma linha divisória na cidade entre espaços de culturas de excelência, onde vigorava o bom gosto e o belo das artes; e os espaços de culturas populares, entregues à rusticidade, ao folclore e ao improviso. Esta visão pretensamente homogeneizadora dos subúrbios os negava como espacialidades de produção e fruição cultural, não só de tradições estéticas populares (festas religiosas, blocos de carnaval, escolas de samba), mas também daquelas consideradas chiques, como os teatros, livrarias e cafés literários, assim como as modernas, a exemplo dos cinemas. Pode se afirmar, então, que os bairros suburbanos sempre foram muitos mais complexos em termos sociais, culturais e geográficos. Não há a

6_M. O. Cruz, Marquinhos de Oswaldo, em entrevista ao autor em 10 de março de 2018. Sambista reconhecido no meio cultural do Rio, em 1997, Marquinhos de Oswaldo Cruz, com o Movimento Cultural Acorda Oswaldo Cruz, cria um novo espaço de manifestação do samba: o Trem do Samba, realizado a cada dia 2 de dezembro como evento comemorativo do Dia Nacional do Samba e também uma oportunidade de chamar a atenção para o descaso pelo que passava o bairro. O compositor reelaborava o trem do samba dos anos de 1920, organizado por Paulo da Portela, quando compositores e pastoras da escola aproveitavam a viagem de volta do trabalho, da Estação Central para Oswaldo Cruz, para ensaiar os sambas que seriam cantados no fim de semana.

menor justificativa plausível para conjunto de leituras e interpretações que colocam o subúrbio carioca em posição de aquém ou à margem da cidade civilizada (BARBOSA; SILVA; BEZERRA, 2018).

É nesse território denominado de subúrbio, cheio de "espacialidades de produção e fruição cultural", que surgem bailes, personagens e equipes de som da Black Rio. Nos subúrbios "[...] a música foi, e ainda é, por excelência, mobilizadora de imaginários que testemunham a criação diversa e plural de estilos, de territórios e de sujeitos sociais estéticos" (BARBOSA; SILVA; BEZERRA, 2018).

Gerson King Combo explica a geografia dos bailes em 1970: "O primeiro que arrebentou, com o negócio de Black Rio foi o Portelão, o Rocha Miranda, a gente chamava de o Palácio do Soul, o Guadalupe Country Clube era só negada black! O Olaria, o Madureira Atlético Clube, esses clubes todos viraram point, você vê que esses clubes, quadra do Império Serrano, eram todos na Zona Norte." Combo divide a cidade em zonas de atuação da seguinte forma:

> A Zona Sul era do Big Boy e do Ademir, a Zona Portuária e o Centro eram do Funky Santos, a zona da Leopoldina, de Méier e Cascadura, da Soul Grand Prix. Mas de Madureira pra lá - Oswaldo Cruz, Bento Ribeiro, Marechal Hermes, Rocha Miranda, era tudo da Black Power.*

EXPANSÃO DAS EQUIPES PARA LEOPOLDINA, MÉIER E CASCADURA: A EXPERIÊNCIA DA SOUL GRAND PRIX

Na segunda metade da década de 1970, com o aumento do público e a entrada mais fluente de dinheiro da bilheteria, as equipes de som puderam comprar novos equipamentos, melhorar sua estrutura sonora e de transporte. E os produtores passaram a alugar clubes maiores e pagar por anúncios nas rádios e jornais, o que estimulou a venda de discos. Os atores envolvidos na Black Rio souberam negociar muito bem com o mercado e as "instituições da elite branca" para se divertir, sobreviver economicamente e levantar algumas de suas bandeiras. Dom Filó foi um dos primeiros a identificar que o movimento virou *business*:

> Na realidade, quando chega a maior prova que nos tornamos um *business*, é quando, em 1972, o Renascença Clube inicia a

Noite do Shaft, e por que a Noite do Shaft? Já começou ali a nossa identidade, o Shaft era o único cara que passava na televisão, ele era o nosso super-herói, o cara que era o detetive negro, bem-sucedido. A negrada se identificou. E *boom*! Aquilo bombou! Fomos para o mercado de disco e chegamos a vender mais que Roberto Carlos. O soul passou a dar dinheiro para as gravadoras.*

Com crédito em expansão, devido ao contexto econômico, a classe média brasileira passou a ter acesso a bens de consumo à semelhança dos norte-americanos. Entre esses novos indivíduos inseridos no mercado, havia uma pequena parcela de negros que ascenderam e passaram a usufruir das benesses do consumo de massa. Produtos com selo de negritude circulavam pelo mercado com mais facilidade; por isso, a cadeia produtiva da cena black sempre teve o mercado cultural como um dos parâmetros da construção do movimento. Mercado este que envolvia desde a montagem das equipes (com produtores, empresários, DJs, dançarinos, apresentadores - só mais tarde os DJs viraram MCs - técnicos e trabalhadores braçais), passando pelas negociações com os donos dos espaços (clubes e escolas de samba), a venda de discos para apresentação nos bailes, a divulgação dos bailes em pequenos jornais, em rádios, até a rentabilidade das grandes gravadoras ao lançarem LPs de bailes e equipes e ao investir em bandas e artistas blacks. O Brasil chegou a ser o segundo mercado mundial de venda de discos da Black Music.

O primeiro LP da equipe Soul Grand Prix, por exemplo, lançado pela Top Tape, chegou a vender mais do que o LP do cantor Roberto Carlos, fenômeno do mercado fonográfico, como nos descreve Dom Filó:

A Soul Grand Prix foi a primeira equipe a entrar no mercado fonográfico, e fomos convidados, na época, exatamente pela performance, pelo sucesso no movimento, por um cara chamado Ademir Lemos... Esse LP foi colocado no mercado e, na época, nos deram uma grana. A gravadora ganhou muito dinheiro. Nós não tínhamos como controlar a venda, mas pra gente era festa. Imagina você ter um LP seu, vendendo nas lojas e a galera comprando! Aquilo ali era muito, muito mesmo. E chegou a um ponto, se você observar na pesquisa da época, o NOPEM [Nelson

> Oliveira Pesquisa de Mercado], que era o IBOPE da época, você vai ver que, em determinadas semanas, entre o TOP 10, nós estamos acima, na frente do Roberto Carlos.*

Na segunda metade da década de 1970, quase todas as gravadoras editavam pelo menos um LP de soul por mês. Abria-se um enorme mercado potencial, primeiro para os pequenos selos, mas rapidamente chamando a atenção de gigantes *majors* do disco. Depois do pontapé inicial da Top Tape e da Tapecar, a Continental, a Phonogram, a WEA e a CBS seguiram o caminho de investir em LPs para o consumo da comunidade negra. Tim Maia, Jorge Ben Jor, Bebeto, Hyldon e Cassiano aproveitaram para alavancar suas carreiras no período. De fato, o crescimento do mercado fonográfico foi acintoso na década. O número de toca-discos vendidos cresceu 813%, o de discos saltou de 25 milhões para 66 milhões no final da década, e a indústria fonográfica, entre 1972-79, cresceu fabulosos 1375%. Para cada três brasileiros, dois compravam discos. A nova classe média usufruía do seu novo privilégio de fazer audições em casa, consumindo seus LPs prediletos. A universalização do consumo beneficiou milhares de frequentadores dos bailes black e criou uma bola de neve no mercado: quanto mais discos e toca-discos, mais lançamentos fonográficos (ORTIZ, 2001).

O cantor Gerson King Combo reforça o envolvimento da Black Rio com a indústria fonográfica ao comentar as disputas das gravadoras por seu "passe". Ele quase chegou a ser o cara da Banda Black Rio, mas optou por outro convite:

> Ah! Eu fui chamado, em 1974, para entrar na Banda Black Rio que ia ser formada de músicos de estúdio, os melhores músicos de estúdio... Aí eu fui na hora, nós íamos gravar, veio a Warner e investiu um dinheiro na Banda Black Rio, não era nem um, nem dois músicos, era a Banda Black Rio, queriam lançar no mercado a Banda Black Rio, que seriam os melhores negrões, os melhores, eu estava, graças a Deus, no meio dos melhores. Eu gravei, comecei primeiro, gravei lá uma música, duas... Viajei com o Grupo Abolição, era um dos melhores, e eu no meio, fomos pra um festival, e aí, o que aconteceu? "Gersão, você vai gravar com a Banda Black Rio", já estou lá, "você já assinou o seu contrato?" "Não, quando for assinar, cada um vai assinar o seu

contrato, a sua parte!". "Graças a Deus, nós temos um projeto aqui na Polygram." O Roberto Menescal era diretor-geral junto a toda diretoria, falou assim: "Nós temos que investir em você, chegou a sua hora". Eu me lembro bem: eu já me apalavrei lá com os caras lá da Black Rio, eu já apalavrei, eu já gravei, eu não sou assim. E eles: "Gerson, muda tudo, assina aqui agora que você vai ser o rei do black". E eu falei: "Que mané, rei do black?" "Lá você vai ser o crooner, você quer ser o crooner da Banda Black Rio?". E, eu falei: "Não." "Aqui você vai ser o King". Aí foi onde eu acrescentei o King no meu nome, que era Gerson Combo, há muito anos. King Combo, aí bateu bem, soou bem! *

Demorou um pouco até "a grande imprensa" notar esse fenômeno das equipes de som e do poderio delas no mercado fonográfico. Em 1976, a revista *Veja* publicou uma matéria sobre o alcance das equipes de som: "do Andaraí a Jacarepaguá, de Olaria ao Bairro do Colégio, de Bangu a Caxias, a grande vitoriosa dos subúrbios cariocas é a soul music, música negra de origem norte-americana". No mesmo ano, a jornalista Lena Frias, em uma minuciosa matéria publicada sobre os bailes no *Jornal do Brasil*, com registro fotográfico de Almir Almeida, estimou que haveria cerca de 300 equipes de soul pelo Rio. As rendas dos maiores bailes eram comparáveis às de jogos no Maracanã, de acordo com Ademir Lemos: "um negócio desses, só à base de disco, é uma loucura. Muito dinheiro na bilheteria por baile como eu estou cansado de ver. Uma renda de jogo, se não tiver Vasco ou Flamengo, não atinge" (FRIAS, 1976). Para DJ Neném, a era das equipes começou por causa dos bailes no Astória Futebol Clube: "O Celso Pucheta da Mix Soul começou a frequentar o baile lá [no Astória] e criou a equipe Mix Soul. O Filó mandava uns caras lá para ver [o baile no Astória Futebol Clube] e nisso já existia, vamos botar aí, com um ano surgiram a Soul Grand Prix, Uma Mente Numa Boa, Revolução da Mente." *

A produção dos bailes envolvia dezenas de pessoas no transporte, instalação de sistemas de som cada vez mais potentes, iluminação e decoração. Os DJs acumulavam várias funções, desde escolha do repertório, animação da plateia, até o momento de discursos politizados sobre a temática negra.

DJ Neném fala sobre as dificuldades de seu começo como discotecário, sem acesso a todos os equipamentos necessários:

> Eu tocava em festinha. A gente não tinha equipamento, entendeu? O que a gente precisava, o básico era: um fone de ouvido e uma pré-escuta, pra gente ouvir a outra música que estava tocando, mas isso não existia na época. Fone de ouvido era luxo. E a pré-escuta, nem pensar. O Big Boy já tinha equipamento chique, era top! Mas nós que estávamos começando e éramos o primo pobre, que começamos do zero, a gente não tinha nada disso. A gente foi conseguindo isso ao longo do tempo. Com o Santos, por exemplo, vamos dizer assim, de 1970 até 1973, 1974, a gente evoluiu pra cacete, entendeu? Até porque a tecnologia mudou, e você tinha mais disponibilidade de equipamento no mercado.*

As grandes equipes de som contavam com o DJ principal e outros auxiliares. O principal comandava o toca-discos, enquanto os auxiliares cuidavam dos amplificadores e pick-ups:

> A equipe nada mais é do que a reunião de duas, três ou mais pessoas (quase sempre rapazes), que armam uma aparelhagem de som, compõem uma discoteca (só de soul no caso dos bailes black, onde não se aceita outro tipo de música), armam um esquema de iluminação tipo boate, com spots verdes, vermelhos, amarelos, roxos, azuis acendendo e apagando, variando as composições e os efeitos segundo a criatividade de cada equipe. Nas equipes menores, todo esse aparato cênico é confeccionado no fundo de quintais do subúrbio, à base de madeira compensada e papel de balão (FRIAS, 1976).

A famosa Soul Grand Prix, criada pelo empresário Nirto e pelo seu primo Dom Filó, primeiro foi batizada de Curtisom. O motivo era óbvio: Nirto arrumara uma loja no Leblon com o mesmo nome para patrocinar os seus bailes. Só que o nome não caiu no gosto da galera e acabou trocado por SGP com o lema "Soul em alta velocidade". Para DJ Neném, o sucesso da Soul Grand Prix se deve ao profissionalismo de Dom Filó:

> A Soul Grand Prix só deu certo porque o Filó foi no baile dos outros e descobriu os erros. O Filó e o Nirto eram caras

inteligentes. Ele profissionalizou os bailes de black music: "Ó, o Santos é muito legal, mas falta isso. Isso aí a gente não vai fazer!" Ele tirava foto, filmava, na maior cara-de-pau, aí profissionalizou real. É sério! Eu fui trabalhar com eles depois, eles me tiraram do DJ Santos, chegaram com um bolo de dinheiro e me tiraram do Santos: "Não, Neném. Vem pra cá. Você é a cara da Soul Grand Prix." *

Para alguns estudiosos, atores e frequentadores dos bailes, a SGP é a primeira equipe de Black Soul no Brasil. Nos primeiros bailes, a SGP uniu duas caixas de som, com quatro woofers de 12 polegadas cada uma, em sistema de som amador. E o amplificador era um Gradiente, aquele amplificador Pro-2000. O mixer era feito numa marmita, com dois botõezinhos. O DJ Paulinho Black Power conta que

> em 1974, o Rio de Janeiro estava tomado por várias equipes de som. A concorrência estava bem acirrada, refletindo no resultado de bilheteria de cada equipe. Mesmo assim, todos ganhavam belas receitas. Então, melhoramos toda a aparelhagem de som, acrescentando novas caixas de som. O Evandro, um dos donos da Equipe Fênix, formado em técnico de eletrônica, conseguiu criar um misturador feito de marmita, em alumínio. Isso mesmo, marmita onde se leva comida, facilitou e muito a minha vida na mistura das músicas uma com a outra, quase dentro de seus compassos. Para mim foi uma novidade excepcional em poder criar algo em cima das músicas. Funcionava melhor no set da sequência de música lenta. Belas passagens de uma música para outra sem deixar a pista esvaziar. *

Na SGP, Dom Filó criou uma nova linguagem visual para os bailes. Ele manteve as imagens de temáticas negras que fizeram tanto sucesso no Renascença, mas passou a alternar essas imagens com cenas de pilotos de Fórmula 1. O lançamento do primeiro disco de montagem da equipe foi feito em um baile no Guadalupe Country, na Avenida Brasil, para quinze mil pessoas. Só para se ter uma ideia de como o baile soul cresceu no Brasil, em 1976, "num local chamado The Audubon, o DJ Grand Master Flash organizou um baile para três mil pessoas. Essa foi a festa que reuniu o maior número de dançarinos antes do hip hop se tornar conhecido fora de Nova York" (VIANNA, 1988). Um número bem mais modesto do que do baile do Guadalupe que foi uma loucura total! Com a passarela em frente repleta de gente, o povo derrubou o portão do clube para poder entrar. A piscina, vazia, serviu de palco para dançarinos e dançarinas. Era tanto dinheiro que os organizadores resolveram pegar os caixotes de cervejas para colocar o bolo de notas amassadas. Em outro baile, na Lespan, na mesma Avenida Brasil, a SGP conseguiu reunir mais de oito mil blacks. O lucro foi tão estrondoso que o diretor do clube, ao entrar na bilheteria, e ver tanto dinheiro no chão, gritou: "para, pelo amor de Deus!"

Segundo o depoimento de Gerson King Combo sobre a geografia das equipes nos bailes, "a zona da Leopoldina, do Méier e de Cascadura era da Soul Grand Prix."* Parece correto afirmar que a SGP tocava nas redondezas dos bairros de Vila Isabel (no Maxwell), no Andaraí (no Renascença) e em Cascadura (no Cascadura Clube). Locais que a equipe de Dom Filó fez história e muita gente dançar. Mas talvez seja um pouco exagerada a informação de que sua equipe tenha dominado toda "a zona da Leopoldina".[7] Ainda na entrevista de Gerson King Combo, "Madureira pra lá - Oswaldo Cruz, Bento Ribeiro, Marechal Hermes, Rocha Miranda -, era tudo da Black Power."

O bairro de Rocha Miranda integra a região administrativa de Madureira, composta ainda pelos bairros de Bento Ribeiro, Campinho, Cascadura, Cavalcante, Engenheiro Leal, Honório Gurgel, Madureira, Marechal Hermes, Oswaldo Cruz, Quintino Bocaiuva, Turiaçu, Vaz Lobo. Em tabelinha com Madureira, Rocha Miranda fez parte da Freguesia do Irajá. Madureira e Rocha Miranda podem ser classificadas, na história dos bailes black, como o Harlem do soul - na visão do mestre Dom Filó.

Morador de Rocha Miranda, Paulão Black Power era fã de Big Boy e dançarino do Baile da Pesada. Certa vez, Paulão Black Power recebeu um telefonema do DJ Big Boy querendo informação sobre uma banda chamada Matata. Paulão conseguiu o LP da banda queniana que despontava nas paradas de sucesso da Inglaterra. A banda apresentava um soul com forte influência percussiva. É bom que se diga:

7_O subúrbio (ou Zona) da Leopoldina é, em linhas gerais, a denominação do conjunto de bairros que formam o segmento nordeste do município do Rio de Janeiro: Manguinhos, Ramos, Cordovil, Vista Alegre, Penha Circular, Olaria, Bonsucesso, Parada de Lucas, Brás de Pina, Penha, Complexo do Alemão, Complexo da Maré e Vigário Geral.

Matata é uma palavra em suaíle, que é a língua banto com o maior de número de falantes e uma das línguas oficiais na África oriental - sobretudo na Tanzânia, no Quênia e em Uganda. Muitos anos depois o termo seria popularizado mundialmente no filme *Rei Leão* (de 1994), com a música "Hakuna Matata", que significa "sem problemas, sem preocupação".

Paulão indicou a Big Boy como conseguir o LP e ganhou uma sacola de discos como agradecimento pela preciosa informação.

Assim como Mister Funky, Paulo Santos Filho, o Paulão Black Power, também realizava festas "americanas" em Rocha Miranda. A história começou da seguinte forma: Paulão passou a reunir os amigos todos os sábados, atrás do armazém do seu Hélio, para ouvir clássicos do soul. A trilha variava de James Brown, Marvin Gaye a Diana Ross, na vitrola Bel Air, comprada na Ducal. A turma de Paulão, certa vez, inventou uma história para o diretor social do clube Botafoguinho, em Guadalupe. Blefaram que teriam equipamento superior ao da festa da qual participavam. Contavam, na verdade, só com os discos do Paulão. No sábado combinado, apareceram com equipamento de baixíssima qualidade e o diretor do clube pediu explicações. Paulão inventou uma desculpa de que a Kombi que levava o material fora apreendida em uma blitz policial. O diretor, consternado com o ocorrido, deixou Paulão discotecar no equipamento do Botafoguinho e o baile bombou!

O Botafoguinho contratou a "equipe" (que já tinha nome de Black Power) para fazer mais uma festa no sábado contanto, é claro, que usasse o "verdadeiro" equipamento. Só que o talentoso Paulão, além de não ter experiência de tocar em outros lugares, não tinha equipamento para realizar o baile. O que fazer? O "milagre" se deu na financeira onde Paulão trabalhava como auxiliar de escritório. O tesoureiro, amigo seu, resolveu investir e comprar um equipamento na Casa Garçon. Era pequeno, mas dava para o gasto: quatro caixas Gradiente, dois toca-discos, quatro luzes estroboscópicas, um amplificador Pró-1200. A ideia deu certo, o baile cresceu e foi transferido para o Grêmio de Rocha Miranda. Por vários anos, o baile promovido no Grêmio de Rocha Miranda atraía um público médio de 4 mil pessoas, todos os domingos. Para DJ Carlinhos Marambaia,

> depois do Big Boy, Paulão era o cara. Eu gostava só da Black Power, só do Paulão. O Baile era Paulão e Black Power, porque

> era só novidade e música lenta, era só pedrada. O Paulão tinha muito disco de soul. A característica dos bailes do Paulão é que ele tinha balanço que ninguém tinha. *

Alguns DJs, como Paulão Black Power, se tornaram donos de equipes de som e passaram a apresentar programas de rádio e televisão, a exemplo de Monsieur Lima, Mister Funky Santos, Ademir Lemos. Cada vez mais profissionais, os donos das equipes de som contratavam os DJs, os iluminadores, os técnicos, os dançarinos e detinham o direito fonográfico de alguns sucessos que tocavam nos bailes. Também entravam em contato com os clubes e agendavam as datas e horários. O preço dos ingressos, geralmente, era estipulado pelos clubes, que ficavam com 50% da bilheteria, acertavam a equipe de segurança e ficavam com a renda do bar. Outra atribuição das equipes de som era a montagem do famoso paredão ou parede sonora, isto é, caixas de som enfileiradas e empilhadas em um lado da pista de dança. Com o crescimento do público e do número de bailes, as equipes maiores conseguiam montar e desmontar vários eventos em uma mesma noite. Mas, como relata o antropólogo Hermano Vianna, o DJ não tinha o devido reconhecimento do seu trabalho artístico:

> Os donos das equipes, em conversas informais, reconheceram a importância dos discotecários, mas muitos deles se recusaram a admitir que o DJ é a alma do baile. Para alguns, um bom baile é feito apenas de uma boa aparelhagem e bons discos. Esse conflito latente entre discotecários e donos de equipes reflete-se principalmente aos salários que são pagos aos DJs (VIANNA, 1988).

DJ Paulinho Black Power lembra o lucro que os donos de equipe tinham por baile:

> Ainda em 1977, houve a opção de fazermos eventos em alguns dias do meio da semana e era às quartas-feiras, com resultado de público considerado muito bom por ser durante a semana. Então, passamos a fazer eventos às quartas-feiras, sextas-feiras, sábados e domingos. Imagine o que deu de retorno para os donos das equipes. Eu que era remunerado por evento, meu ganho era muito bom na Equipe Black Power. *

Além da desproporção entre o lucro das equipes e dos DJs, eles tocavam de costas para o público e seu trabalho era ofuscado pela onipresença do nome da equipe desde a divulgação até a realização do baile. Com tempo, entretanto, assumiram a liderança dos bailes ao fazerem performances diferentes à frente do palco e da aparelhagem, tocando, dançando e animando a galera. Já na década de 1980, os DJs teriam o reconhecimento do seu trabalho como obra de arte, um consenso oriundo da cadeia produtiva dos bailes e, sobretudo, do público cada vez mais admirador da habilidade e do repertório da discotecagem.

A BLACK POWER NO PALÁCIO DO SOUL

Muitos bailes soul aconteceram no Grêmio de Rocha Miranda, no eixo dos bairros de Madureira, colado a Oswaldo Cruz, Honório Gurgel, Irajá, Coelho Neto, Acari, Vicente de Carvalho e Colégio. Discotecaram no local a Soul Grand Prix, a Cash Box, Furacão 2000, Dynamic, a Cova, a Vip, a JB Soul, a JB Santos, Uma Mente Numa Boa e a Black Power. Para DJ Neném, "os melhores bailes de soul aconteceram no Grêmio de Rocha Miranda, o Palácio do Soul. Foi a primeira vez que o Santos tocou no subúrbio, chovia pra cacete e eu dançando debaixo de uma goteira. Sem sacanagem, eu não esqueço nunca desse dia, lotado, lotado." *

DJ Paulinho Black Power aponta a questão da centralidade geográfica como ponto fundamental para a popularidade do Grêmio de Rocha Miranda:

> A Black [Power] fez um contrato com o Grêmio em que todos os domingos eram nossos. Então, a gente fincou a bandeira do soul ali dentro e o pessoal achava que o Grêmio Rocha Miranda era o Palácio do Soul porque todo domingo a Black Power estava lá. Agora no sábado, tocava a Black com a Soul Grand Prix, tocava a Black e Soul Grand Prix com a Furacão 2000. Porque é um bairro que centralizava ali, pegava Madureira, Irajá, Duque de Caxias. *

DJ Neném revela uma espécie de corredor dos bailes: "tinha condução passando na porta direto. Passava pelo Coleginho, pelo Atlética de Rocha Miranda, o Grêmio de Rocha Miranda [...]. Era um triângulo. Irajá Atlético Clube, Boêmio de Irajá, era tudo perto, onde você virasse era baile de soul."* Lourdinha, frequentadora do circuito dos bailes, diz que "O grêmio de Rocha Miranda, o Apollo de Coelho da Rocha e o Clube da Unidos da Ponte era mais meu estilo. Às vezes eu chegava no Magnatas, no baile da Cash Box, e aí já era uma coisa mais zen, sabe? Eu gostava, mas eu preferia os outros, porque eu me identificava mais com o estilo de música." * Já a dançarina Cássia Lopes gostava mesmo era dos bailes do Paulão: "muitos bailes foram no Grêmio de Rocha Miranda, Coleginho, Olaria. E domingo, não tinha pra ninguém, era Black Power no [Clube] Dezoito de julho. E não adianta, a turma ficava toda ali".[8] Foi em um baile em Olaria que o megaprodutor fonográfico André Midani conheceu a Black Rio e passou a admirar o movimento:

> Só se ouvia, ao longe, uma pulsação sonora, que indicava que algo estava acontecendo por ali. Desci do carro e, à medida que me aproximava da entrada do estádio, a pulsação se tornava mais forte. Na entrada, uns guarda-costas estavam me esperando. A primeira porta se abriu, e não era mais uma pulsação - o que eu ouvi foi uma gigantesca explosão rítmica, cheia de suingue. A iluminação, depois de eu ter andado no breu quase assustador da praça fora do clube, me cegou por uns instantes... Fui conduzido até um "espaço VIP", meio tonto com o volume da música e meio cego com a violência das luzes, e me deparei com aproximadamente dez mil moças e rapazes - todos negros, todos lindos -, vestidos de uma maneira extravagante, imitando a "moda black" dos negros americanos, numa sinfonia de cores e de cabelos black power, todos dançando e suando aproximadamente até o sol raiar... O espetáculo me deixou espantado e maravilhado. Passei uma noite em estado de graça e, ao mesmo tempo, mais uma vez, perplexo ao constatar que a gente vivia em diversos "Brasis", que não se conheciam e se ignoravam (PEIXOTO; SEBADELHE, 2016).

A Equipe Black Power era umas das principais referências do movimento Black Rio na metade dos anos 1970. Quando o programa *Fantástico*, da Rede Globo, exibido com grande audiência aos domingos à noite, resolveu fazer um clipe com a música "Olhos coloridos",

8_C. Lopes, entrevista ao filme *Trem do Soul* em 8 de março de 2020.

do compositor Macau, gravado pela soulwoman Sandra de Sá, em 1982, o cenário foi justamente um baile da equipe de Black Power. A gravação virou um hino dos blacks.

A FÊNIX DE COELHO NETO

No final da década de 1970, Paulo Freitas, o DJ Paulinho, entrou no time da Black Power. Carioca do bairro do Irajá, o DJ fez parte das equipes Célula Negra e Fênix. A aproximação com o soul se deu bem no finalzinho de 1969 para início dos anos 1970, quando ele frequentava as domingueiras do Baile da Pesada. O "marrento" DJ Paulinho conta um pouco da história da Black Power de Paulão:

> No meado desse ano [junho de 1974] nascia a equipe de som Black Power criada pelo Paulo Santos [Mister Paulão]. A repercussão perante o público foi muito forte. O nome "Black Power" ajudou muito a força que a equipe tinha. Eu não conhecia o Mr. Paulão naquela época, mas alguns amigos me falavam sobre a potência da discoteca da equipe. Eu, muito novo e marrento, achava que era ruim encontrar alguém que tivesse uma discoteca do mesmo peso ou melhor que a minha. Mas, como eu sempre tinha bailes todos os sábados e domingos, não tinha como constatar isso de perto e ficava ouvindo a galera comentando sobre o assunto. Mas não dava muito crédito e continuei fazendo meu trabalho na Fênix. *

A Equipe Fênix era formada por uma rapaziada de Coelho Neto, Zona Norte do Rio de Janeiro, comandada por Jorge e Evandro. A Fênix apresentava-se prioritariamente na Baixada Fluminense aos domingos e tinha ainda uma boa aparelhagem, constituída inicialmente de oito caixas jimbos, dois amplificadores Pro-1200, posteriormente substituídos por dois Pro-2000, duas Pick-up's Garrard, da Gradiente, e uma bela discoteca. Na discotecagem, DJ Paulinho, que recebeu o convite em 1972 para entrar na equipe. Com bom material em mãos, discos, e sensibilidade para entender os desejos do público, DJ Paulinho gostava de dar oportunidade em seus sets para música lenta, "abrir a chance das pessoas conhecerem novos amores."

A Fênix levantou voos maiores nas zonas Norte e Oeste. Passou a tocar nos bairros de Guadalupe, Vila Cosmos, Vista Alegre, Irajá, Coelho

Neto, Rocha Miranda, Coleginho, Vicente de Carvalho, Brás de Pina, Penha e Vila da Penha. Nessa altura do campeonato, várias equipes surgiram em diversos pontos do mapa do Estado do Rio de Janeiro e a Zona Norte foi a região ideal para a difusão dos bailes black, basicamente por ser um espaço de ocupação predominantemente negra, aberta à difusão de sonoridades massivas afro-americanas. Além disso, era uma área que contava com vários clubes recreativos e esportivos, com amplos ginásios e salões de bailes e com as quadras das escolas de samba, ideais para eventos com grandes públicos. A média de frequentadores dos bailes girava em torno de 5 mil pessoas, podendo chegar a 10, 15 mil. Espaços importantes como o clube Mackenzie, Disco Voador, Portelão, Cine Show Madureira, Vera Cruz, Lespan promoviam bailes concorridos que também eram realizados em regiões centrais da cidade, como Cesp - Rodoviária e Cordão da Bola Preta.

As equipes Furacão 2000 e Cash Box surgiram no auge do movimento Black Rio e foram das poucas a fazerem a transição do soul para o funk dos anos 80.

Mineiro de Governador Valadares, responsável pela popularidade da Furacão 2000, Rômulo Arthur Costa, nascido em 1953, chegou ao Rio de Janeiro aos 17 anos,

> [...] porque não tinha dinheiro para ir para Estados Unidos. Eu vim aqui para servir o Exército [Rio de Janeiro]. Mas eu sobrei no exército, tinha excesso de contingente na época, o meu sonho foi por água abaixo. Fiquei seis meses perambulando pelo Rio de Janeiro procurando emprego. Aqui eu trabalhei no [Clube] Bonsucesso, e foi aí que eu conheci o soul, né? Eu trabalhava nos bailes do Bonsucesso. *

A Furacão era uma equipe tímida de Petrópolis que tocava heavy metal. O Rômulo Costa queria que a equipe fizesse parte da "Procissão do Soul". Que voasse! Nirto, da Soul Grand Prix, fez uma proposta tentadora para Rômulo: "me dá seu Fusca que te dou três datas de apresentação." Rômulo topou a proposta e a Furação 2000 passou a tocar em Rocha Miranda, Coleginho, Cassino Bangu e Realengo. "O nome da equipe se deu da seguinte forma: a Furacão teve vários processos, era o Som 2000, depois virou Guarani 2000, e um presidente da República, na época, se fala essa história do Castelo Branco que foi em Petrópolis fazer um comício, e ele falou: "Isso não é um Som 2000, é um Furacão!"*

O emblema da Furacão 2000 ficou popularizado na contracapa do seu primeiro LP, lançado em 1977: um paredão de caixa brancas! Apesar de algumas pessoas acharem que as caixas de som pintadas de branco faziam parte do marketing da equipe, na realidade, essa marca característica surgiu com um erro. Um erro que virou sucesso visual, identidade da equipe. Antes do baile, em plena final de tarde de sábado, o empresário Gilberto Guarany, um dos mandachuvas da Furacão, pediu a um funcionário para comprar tintas e pintar as caixas de som. O pobre rapaz rodou muito até achar uma loja aberta. Mas na loja só havia tinta branca. O funcionário, garboso pelo achado, pintou todas as caixas da equipe de branco. Apesar dos protestos iniciais, o estilo pegou.

Marco Antônio Baranda, o Marcão da Cash Box, iniciou sua carreira aos 14 anos de idade, gravando fitas K7 em casa para usá-las em seus pequenos bailes. O percurso de Marcão e da Cash Box não foge à regra da maioria dos DJs e das equipes de som: festas de aniversário, festinhas americanas e hi-fis. O futuro DJ Marcão já usava o nome Cash Box nas fitas K7 que animavam esses pequenos bailes de fundo ou em frente ao quintal. Tudo leva a crer que o nome Cash Box foi baseado em uma vinheta da Rádio Mundial que anunciava as músicas que apareciam na "Lista Top 100" da revista norte-americana *Cash Box*. O símbolo da equipe era um coelho e seu slogan "O som acima do normal". "A Cash Box é uma das equipes mais mistas que você pode imaginar", diz Marcão. "Onde você pensar, eu fiz um baile, até no Clube Oficial da Marinha, ali no Méier."*

Geralmente, a equipe fazia o seu som em dois bairros da Zona Norte carioca: o Méier e o Rocha. E foi no bairro da Zona Norte, na boate Espaço Méier, que DJ Marcão se encontrou:

> [Comecei] a gostar de ver aquela música tocando, aquele pessoal dançando, aquele movimento, então eu falei: "Caramba isso é legal hein!" Eu achava sensacional porque o strobo dá a sensação que você vira um robô dançando, mas ainda não era um baile apenas de soul music, era um baile misturado... Na época que comecei, a música da moda não era o soul, havia muita mesclagem. A rádio tocava música italiana, francesa,

música romana. Não havia um movimento organizado como foram as equipes de som.*

Três anos depois de dançar no Espaço Méier, Marcão organizou o primeiro baile da Cash Box, na Associação Atlética Getúlio, em 1974, no mesmo Méier:

> Não tínhamos abertura para chegar num clube, e nem equipamento para fazer um baile. Então eu e Clesinho conseguimos essa data, 19 de janeiro de 1974, véspera de feriado de São Sebastião. Nós apostamos e não paramos até hoje. Pode-se dizer que a Cash Box é do Méier.*

Depois do pontapé inicial, Marcão da Cash Box atuou em 1978-1979 no Clube Magnatas, no bairro do Rocha. A partir daí, o DJ construiu um estilo próprio. Uma caraterística marcante na discotecagem do Marcão era que, além dos toca-discos, também usava um deck de rolo para se apresentar, enquanto os DJs de outras equipes usavam apenas toca-discos. A Cash Box foi a equipe pioneira em usar vinhetas durante suas apresentações e uma das poucas que passou pela transição de estilos dos bailes black ao funk, entre os anos de 1970 e 2000. Além disso, a equipe tinha um acervo próprio de discos e fitas de rolo para suas apresentações.

DA ZONA SUL AO GRANDE RIO: A BALDEAÇÃO DAS EQUIPES DE SOM DA BLACK RIO

Botafogo, estação de transferência

Inaugurada em 1981, a estação de Botafogo é uma estação de transferência entre as Linhas 1 e 2 do metrô. De uma certa forma, os Bailes da Pesada (no Canecão, em Botafogo) funcionaram também como uma "estação de transferência" para essa Grande África Soul que estamos descrevendo. Portanto, além de a "Zona Sul ser do Big Boy", ela era também do Messiê Limá.

O maranhense Raimundo Lima de Almeida, Messiê Limá, é uma prova cabal dessa baldeação carioca. Seu ponto alto foi quando discotecou no primeiro baile soul no Mourisco em Botafogo, em 31 de junho de 1976. Fruto da escola de Ademir Lemos e Big Boy, Limá levou às últimas consequências o estilo DJ espetáculo. Mudou-se para o Rio aos 16 anos de idade para estudar engenharia e acabou virando DJ do Poker Bar. Bom para a engenharia e melhor ainda para a música. De boate em boate, Limá discotecou na Le Bateau, Arpège, Sachinha's e na Sambatoque (onde Tony Tornado foi leão de chácara). Depois na rádio (Mundial AM), Panorama Pop (Tupi) e por fim na TV (TV Rio), no programa "Top Of The Pop". Limá compensava sua baixa estatura física com sapatos de salto plataforma e o visual com macacões de lamê.

Messiê Limá criou um personagem na Black Rio e dizia ter inventado a expressão *pra frentex*. Era também um frasista de primeira com as pérolas: "Som na caixa!" e "Couro come e ninguém vê." Ao lado de Big Boy, o maranhense foi um dos pioneiros na TV com o programa *Avec Messiê Limá*. Limá acabou "virando" personagem da novela *Partido alto* (1984) da TV Globo: Mister Soul (interpretado por Arnaud Rodrigues). Mister Soul era um disc jockey que promovia bailes no bairro do Encantado, pela equipe Funk Discoteque. O personagem era calcado nas figuras de Monsieur Limá e Ademir Lemos e foi o pioneiro em retratar o mundo do funk carioca.

Irajá, "cidade do soul" - Vista Alegre

DJ Paulinho, do Irajá, mapeia com riqueza de detalhes o soul nos bairros do Irajá e Vista Alegre:

> Em 1972, o movimento de Soul Music se fortalecia em nossa região e começaram a surgir outras equipes de som no Rio de Janeiro. No bairro de Irajá, quem iniciou essa experiência na Zona Norte foi a "Equipe de Som Revolução da Mente", por intermédio do Marcão... Devo ressaltar que a extinta Rádio Mundial contribuía em muito na divulgação dos eventos e no novo modelo de bailes que surgiam à época. A partir daí, despontaram belas Equipes de Som em Irajá e Vista Alegre. *

DJ Neném corrobora a informação:

> Entre 1973 e 1976, o Irajá era chamado de cidade do soul, porque tinha muita equipe de soul. Hoje você não tem público para encher um clube, mas antigamente, você não tinha lugar para

> fazer os bailes, porque era muita equipe, entendeu? Cada rua tinha uma equipe.*

Entre as equipes de som que despontaram nos bairros vizinhos de Irajá e Vista Alegre, destacamos a Revolução da Mente (inspirado no disco *Revolution of The Mind*, de James Brown) e a Tropa da Bagunça (do Irajá). A primeira foi criada na década de 1970, sob o comando de Vanderlei Pimentel, DJ Macks Peu, outrora dançarino e frequentador dos Bailes da Pesada. Já a Tropa da Bagunça teria no seu elenco o DJ Corello - exímio dançarino de soul -, como reza a lenda, todo bom DJ já foi bom dançarino - e frequentador dos bailes da Black Rio.

Ainda nessa grande área do Irajá e Vista Alegre, *discotecaram* as equipes Célula Negra, Rick, Retribuison e Mack Som. As equipes Uma Mente Numa Boa, Célula Negra, Rick, Retribuison, Tropa Bagunça e Mack Som não se apresentavam em um lugar fixo, mas, prioritariamente, nos espaços do Irajá Atlético Clube, Boêmios de Irajá, Clube Pau Ferro, Clube Casa de Espinho (Vista Alegre) e Grêmio Recreativo de Vista Alegre.

A Bangu de Ademar Matias de Silva, o DJ Sir Dema

Na década de 1960, nasceu o pernambucano Ademar Matias de Silva, o DJ Sir Dema, morador de Bangu. Com apenas 15 anos, Ademar já era frequentador dos bailes no Cassino Bangu e no Bangu Atlético Clube. Dema lembra que na época os frequentadores dos bailes não acompanhavam os DJs, mas sim as equipes de som:

> Hoje você curte os artistas, os famosos da televisão, do cinema. Nos anos 70 as equipes eram como se fossem nossos artistas. Foi uma geração de seguidores de caixas de som. Éramos jovens muito pobres sem opção de cultura e lazer, num período muito difícil de regime militar. O que salvou nosso pessoal foi ter acesso à música mundial. Na real, foram as equipes que nos proporcionaram conhecer música negra.*

Dema resume onde se concentravam as equipes:

> Os bairros de Bangu, Irajá, Rocha Miranda e Colégio eram verdadeiros celeiros das equipes de som. Em vários clubes e quadras

de escolas de samba que se distribuíam nessas áreas e que propiciaram o surgimento de outras equipes de som locais. Em Bangu tínhamos a equipe Som Lazer, do produtor Robinho Paraguaçu, que depois se tornaria Hollywood Discoteque, com o DJ Cientista. Com o passar do tempo, veio a equipe Amém, Africana soul, Afro Soul, Geração Black, a Dynamic Soul, do DJ Valente, estabeleceu residência no bairro (e depois viraria equipe Las Vegas). Assim como a Furacão 2000, que em seguida vai para o CREIB de Padre Miguel, no conjunto Dom Jaime Câmara. Então nós fomos muito beneficiados aqui na região. E ainda começaram a acontecer os festivais das equipes, no Grêmio e na Associação de Rocha Miranda (um bairro também considerado como palácio do soul), onde residia a grande Black Power, do DJ Paulão, que se reunia muitas vezes com a Soul Grand Prix e a Cash Box. E, na sequência, ainda vinha o Colégio F.C., que tinha um salão de terra batida e com várias favelas em volta e por isso com um público quase 100% black. Então, havia esse cinturão num perímetro de 1,5 km, pelo menos, onde tínhamos grandes espaços para absorver todo aquele contingente jovem, que era imenso (PEIXOTO; SEBADELHE, 2016).

O GRANDE RIO BLACK

Saindo no trem de Bangu, pelo Ramal Santa Cruz, descendo no Maracanã e embarcando no Ramal Saracuruna, a próxima parada é em Duque de Caxias, onde o soul foi extremamente relevante. Na Praça do Pacificador, em Caxias, havia algumas reuniões semanais de grupos para ouvir e dançar ao som da Black Rio. Em Belford Roxo, outro reduto importante do soul, o som era comandado pela Equipe JB Soul, representada por José Batista. Daí o nome JB Soul que, posteriormente, em 1980, seria conduzida pelo discotecário Ubirajara Pupo - Bira JB Soul. A concorrência por lá era pesada porque, por um lado, tinha a JB Soul, de Belford Roxo, contra a equipe do Euclides (Clidão) - Soul Pop. A equipe Soul Pop apresentava-se mais no clube do Sindicato dos Rodoviários, em Nova Iguaçu.

A equipe Dynamic Soul, através do proprietário Valente, tinha um peso muito grande na região de Caxias com um acervo de boas músicas e uma aparelhagem de primeira qualidade. Seu discotecário inicial foi o Adão, depois substituído por outro de codinome “Neguinho”.

Aliás, sobre a Dynamic Soul, há um fato muito interessante da época. José Augusto Valente de Mattos dava a vida por discos raros. Mister Paulão, por trabalhar numa financeira do Banco Boavista e conhecer comissários de bordo que gostavam de jazz e soul, frequentemente tinha discos inéditos no Brasil para sua equipe Black Power. Muita gente ia com o gravador para os bailes do Paulão só para registrar as raridades. Pois bem. Certo dia, Valente da Dynamic Soul soube que Paulão tinha o disco da Marva Whitney - live *Apollo*, uma referência da época. Resolveu ir à sua casa atrás da preciosidade. Quando a mãe do Paulão abriu a porta, saiu gritando com um pacote de dinheiro na mão, "eu compro, eu compro, cadê o disco da Marva, Paulão, eu pago quanto você pedir..." Quase que a boa senhora chamou a polícia para o doido cheio de dinheiro nas mãos.

Por obra de Osnir Silva, Rômulo Costa, Dom Filó e Paulo Apocalipse, em meados de 1970, as equipes de som passaram a fazer encontros para atrair mais público e gerar mais rentabilidade para os bailes. Em um dia - geralmente no sábado, pois no domingo cada equipe trabalhava na sua área -, uma série de equipes, até dez, podia se apresentar em um mesmo baile. Em 1977, por exemplo, aconteceu o primeiro encontro dos Blacks da Guanabara, realizado no GREIP da Penha com um público de aproximadamente 15 mil pessoas. O evento foi organizado pela Soul Grand Prix e pela equipe Black Power e contou ainda com o show da banda Watergate Tape. Nas seis horas de baile, foram incorporadas apresentações ao vivo de cantores da cena black: Jorge Ben Jor, Tim Maia, Cassiano, Gerson King Combo, Tony Tornado. Mas não era só isso. Em um determinado momento, decidiram inovar contratando alguns músicos pops para se apresentarem em eventos da equipe Black Power. Lulu Santos, o Grupo Blitz e até mesmo o dublê de cantor e comediante Sergio Malandro tiveram pequenas, porém, importantes histórias na equipe Black Power.

Esses festivais entre equipes começavam no fim da noite e se estendiam até a madrugada do dia seguinte. Na hora da apresentação, quando uma equipe tocava, as outras ficavam esperando para entrar em ação. Em silêncio e com as luzes apagadas. Por volta de 1975, DJ Paulinho, que na época trabalhava na equipe Fênix, conta como se deu essa "subida para a Zona Norte" da Soul Grand Prix, da Black Power e do Mister Funky Santos, abocanhando o público dos bailes da Fênix com seus festivais:

> Nossos bailes [da equipe Fênix] estavam bombando [...] de forma tranquila, tendo boa resposta de público, ganhando meu dinheiro a cada evento. Nesse período, começamos a ouvir muito sobre a Soul Grand Prix e Mister Funky Santos que estavam subindo para a nossa região [Zona Norte] e com parceria da Black Power. A cada final de semana a gente ouvia que essas equipes chegavam para abocanhar uma boa fatia de público maior e nós não acreditávamos nisso, porque achávamos que o mercado tinha espaço para todos. Só que, com o passar do tempo, começamos a perceber que nossos bailes não estavam mais como antes, pelo menos aos sábados, e isso acontecia com mais frequência. Mas continuamos tocando o barco como se nada tivesse acontecido.*

Com um público médio de oito mil pessoas, a receita dos festivais era excepcional. Dava para pagar as equipes contratadas, ainda assim a equipe contratante ficava com a maior parcela da bilheteria. O público torcia com afinco para sua equipe predileta. A equipe A Cova, por exemplo, tinha seus seguidores chamados de "coveiros". Um dos seus dançarinos mais famosos atendia pelo sonoro apelido de Piolho. Ele dizia que não dançava nem ouvia soul, só dançava e ouvia A Cova. Cada equipe tinha o seu hino, como um time de futebol, e seus discos raros para "derrubar" a concorrente. Em um desses eventos, a poderosa Furacão 2000 levou um sacode. O fato se deu no Grêmio Recreativo Rocha Miranda. Só tinha fera: a Petrus, a Black Power, a Cash Box e a Furacão 2000, com Monsieur Limá como convidado. A Furacão já tinha estourado seu tempo de apresentação e os organizadores faziam pressão para que eles saíssem e cedessem lugar para a equipe Boot Power. Monsieur Limá pediu desculpa pelo atraso e disse que ia terminar com uma música que ninguém tinha do James Brown, em primeiríssima mão, e disparou a faixa "Don't tell: one, two... get down!" A pista veio abaixo com a música. Limá ofereceu uma grana forte para quem, no próximo baile, trouxesse esse disco. Entra a pequena equipe Boot Power. Pouco conhecida e com um som muito menos potente que as outras e dispara a faixa "one, two... get down!" Bingo na Furacão de Monsieur Limá.[9]

9_DJ Dema em entrevista para o autor.

A competição entre as equipes para conseguir raridades era pesada, segundo DJ Paulinho Black Power:

> Já cheguei a conseguir vários discos considerados raros, por trocas ou, quando não tinha para trocar, eu comprava para tocar nas festas com meus amigos aos finais de semana. Aos finais de semana [sábado], porque durante a semana eu trabalhava, eu tirava o dia para prospectar discos em várias lojas de discos no Centro da Cidade e em Copacabana. Saía de casa pela manhã muito cedo e só voltava à noitinha, sempre com algumas pérolas de soul. Às vezes eu tirava também os sábados para encontrar alguns amigos que curtiam soul para conversar sobre música e fazer algum tipo de troca de disco duplicata. O bairro de Vila Kosmos, Zona Norte do Rio, tinha uma galera que gostava de ouvir muito Soul Music e lá nos reuníamos para troca. Já cheguei deixar, em forma de caução, em lojas e importadoras de discos, meu relógio, cordão, pulseira etc., para conseguir levar os discos que eu encontrava e, na semana seguinte, eu pegava de volta ao quitar o valor que eu empenhava. Lembro, certa vez, que eu cheguei na Billboard, em Copacabana, importadora de discos, e tinha acabado de chegar cinco compactos do Bobby Byrd - *I Know You Got Soul*, da King Records, disco muito raro, e eu levei todos na mesma hora. Só para que outros não comprassem. *

Um lançamento de um disco poderia demorar uma eternidade para chegar ao nosso mercado fonográfico. Esse intervalo de no mínimo três meses fazia com que a música black, já conhecida como funk nos Estados Unidos, ainda fosse chamada entre nós de soul. O disco, quanto mais raro, mais caro. Romarias de DJs vagavam por boates da Zona Sul do Rio atrás de discos preciosos para eles e desprezados por outros discotecários. A cada novidade vinda de fora, as lojas de Copacabana, como a Master Ranger - depois Modern Sound - e a Billboard, recebiam colecionadores e DJs ávidos pelas novidades. Para quem não podia viajar, o jeito era encomendar discos aos amigos, comissárias e comissários de bordo que viajavam com frequência para os EUA.

DJ Neném confirma que o "único jeito de conseguir algum disco raro ou novo era com a tripulação."* E aponta uma lista de lojas de disco, no Rio:

> Muitos DJs conseguiam discos com aeromoças e comissários de bordo. Esse caminho era pra poucos porque custava uma grana e tinha que ter conhecimento. Pra comprar discos tinha a Sinfonia, depois que veio a Modern Sound. Que virou a Modern Sound. A Modern Sound foi a última a fechar. Tinha outra também chamada King Quero. Ficava em Copacabana, na Siqueira Campos. Era tudo na Zona Sul, e, por último, veio a Gramofone, na Gávea, eu comprei muito lá.

E relata a dificuldade financeira para comprar um disco:

> Nós da época, que começamos o movimento, a gente não tinha dinheiro para comprar disco, a gente era estudante, e quem trabalhava, ganhava pouco. Um disco importado custava muito caro, um troço surreal, tipo uns 200 reais. O Santos e eu, a gente ia pra importadora às duas horas da manhã esperar o material chegar, entendeu? Aí esperava, esperava, esperava. "Ah! Chegou dez discos do James Brown". E tinha vinte [na fila]! Quem chegasse primeiro era quem levava. A gente chegava e levava o disco para casa, mas o disco não tinha porra nenhuma que servisse. Isso fazia parte, não tinha jeito. Teve outro lance também, teve uma fase que o cara da importadora dava crédito pra gente, tipo assim, a gente comprava o disco na sexta ou no sábado, e pagava na segunda-feira depois do baile. A gente fez muito isso.

Alguns DJs chegavam a rasurar o rótulo de discos para evitar que equipes ou DJs concorrentes descobrissem o nome dos artistas e das faixas. Outros chegavam a distribuir informações falsas sobre o conteúdo do disco. Segundo DJ Marlboro, nome importantíssimo para ascensão do funk no Brasil,

> a gente ia para o baile para escutar músicas que não ouvia em lugar nenhum. Algumas delas, quando tocavam, o público urrava. Não tinha internet, era muito difícil conseguir disco importado. Algumas músicas eram preciosidades. Vi um cara trocar um fusca por um compacto importado - não estou brincado (SCHPREJER, 2009).

Isso consolida uma nova função no trabalho dos DJs, de intermediação entre gêneros musicais, consumidores e fãs. O discotecário também tinha que ter sensibilidade de fazer a passagem de uma música para a outra na hora certa. Mas nada disso funcionava se o discotecário não tivesse boas músicas, novidades; isso era mais importante até que a qualidade do som. O público da Black Rio era exigente e cobrava uma boa discoteca. Geralmente os DJs garimpeiros eram famosos por terem uma música específica, inédita; fato que levava muita gente aos seus bailes.

Os DJs recebiam os discos - muitas vezes desconhecidos - e tinham que decidir se a música, o "balanço", era ou não adequado para o baile, para sua equipe. Essa decisão era muitas vezes tomada na primeira audição da música. Algumas músicas eram descartadas de primeira e nunca foram testadas nos bailes.

> Nisso os DJs se parecem muito com os diretores de gravadoras, editores de livros e filmes. O DJ "sabe (por uma certa intuição, sem método específico) captar o desejo na massa. Como agradar os dançarinos, sem precisar nunca consultá-los. A alegria dos dançarinos faz a alegria do discotecário". Como relata o DJ Maks Peu: "a gente não visava à grana, não, a gente visava o divertimento, a emoção [...] a emoção de ser discotecário. A emoção de você passar a semana toda pensando: domingo tem baile, eu vou agradar aquele montão de gente e um montão de gente vai me ver trabalhar, botando disco" (VIANNA, 1988).

Com o aumento do público, a partir da segunda metade dos anos 1970, os bailes black deixaram de ser realizados em acanhados clubes e despontaram em clubes maiores e quadras de escolas de samba. Esses bailes construíram um processo particular de territorialização na cidade, afirmando uma complexa teia de afetos-estético-corpóreos. Os jovens negros, articulados com a cultura de massa, trouxeram à baila questões identitárias de grupos profundamente marcados pela desigualdade socioespacial.

3_ BLACK DA CABEÇA AOS PÉS

O soul é totalmente estético.
(Carlos Dafé, cantor e compositor)

Mônica e Cleber, um casal de dançarinos, passavam horas na frente do espelho com o seu pente garfo para preparar o penteado black antes dos bailes, o famoso blackão. Faziam vários estilos de penteado: o pião, o marquise, o redondinho... Quem não tinha acesso ao pente garfo dava seu jeito! Pegava uma bicicleta, arrancava alguns aros, depois os fixavam em uma base de madeira para fazer um ouriçador. O penteado black, por exemplo, fez a cabeça da juventude e tornou-se uma das principais marcas estéticas do movimento.

Todo estilo é composto por um sistema de valores, como iconografia visual, performances, roupas, música e estética. Podemos enxergar o estilo dos blacks como a incorporação de um novo visual na área urbana, um coletivo potente em torno dos símbolos e do consumo de objetos significativos da cultura negra. As linguagens e as práticas criaram uma espécie de resposta às transformações que a juventude negra vivenciava em áreas periféricas da cidade. É justamente nessas condições que a estética tem um papel fundamental para fomentar diálogos entre os desejos coletivos e individuais e uma realidade material objetiva – a maneira como esses atores ressignificaram o seu território pautado pelo trabalho e pela exclusão socioeconômica (HEBDIGE, 1979).

O pente que logo se materializou como um símbolo virou um pretexto para muitos blacks serem presos pela polícia por portar uma "perigosíssima" arma branca. Relatos do período dão conta de que, nas ações policiais, os blacks eram revistados com o argumento de que escondiam drogas ou outros objetos ilícitos em seus penteados (qualquer alusão ao período da escravidão no Brasil não é mera coincidência). Uma dessas situações é relatada pelo DJ Jailson, da equipe Jet Black, de Jacarepaguá:

> Passávamos horas armando os nossos blackões na frente do espelho, com vários macetes (laquê, parafina - para fios de cabelos mais finos - e banhos que perfumavam o cabelo com folhas de eucalipto) e, na maioria das vezes, antes de entrar nos bailes, eles (os policiais) desmanchavam o nosso penteado e mexiam violentamente nas nossas cabeleiras para nos revistar. Aquilo era aviltante mesmo (PEIXOTO; SEBADELHE, 2016).

O cantor e compositor Carlos Dafé comenta a relação pouco amistosa dos policiais com o estilo black:

> [...] Aí nós estávamos vivendo uma época, no Brasil do governo militar, os caras quando viram a gente naquele perfil, naquela performance, inclusive a performance do palco, e no clima estético de cabelão Black Power e as roupas coloridas, aí eles: "Esses caras querem quebrar tudo, querem ganhar". E não era nada disso, a gente só queria o nosso direito de ir e vir! Porque era assim, a polícia quando via um grupo de negros: "Encosta, encosta!", e já vai dando geral.*

O ativista negro e sociólogo Marcos Romão dizia que o cabelo black era conhecido como freio de camburão: "bastava a polícia avistar um black para encostar a viatura e aplicar uma dura."[1] Dom Filó também fala do medo das abordagens policiais entre os blacks e da temida Invernada de Olaria.

1_M. Romão, depoimento ao documentário 1976: *Movimento Black Rio*: os 40 anos de Black Rio, de Bruno Nunes Gonçalves, Luiz Felipe de Lima Peixoto e José Otávio Sabadelhe. (Brasil, doc, 12 min, cor, 2016).

> Era um momento de ditadura total e tinha, circulando, a polícia e a polícia especial. E a polícia especial era terrível para nós negros, que era a Invernada de Olaria com o camburão cinza e amarelo. E se viu aquele ali, mete o pé. Porque ele ia te abordar, abordava e [pedia]: "Documento". Imagina, você tinha que ter carteira profissional assinada e se não tinha, levava uma vadiagem, na segunda, outra vadiagem, já na terceira tu não saía mesmo. *

A Invernada de Olaria foi uma delegacia criada na gestão do governador Carlos Lacerda - político conservador muito associado à eliminação sistemática da população de rua e que entrou para a história com a alcunha de Mata-Mendigos. A delegacia destacou-se nos anos de 1960-70, por ser um espaço de tortura e execução de presos, geralmente encarcerados sem nenhum indício criminal. Os policiais, em grande parte membros do Esquadrão da Morte, aterrorizavam os moradores do subúrbio e da Baixada Fluminense, afogando as suas vítimas nos rios da Guarda e Guandu. O golpe civil-empresarial-militar fortaleceu essas incipientes milícias e incorporou seus membros mais ativos na perseguição aos opositores ao regime comandado pelos generais e, claro, ao "suspeito" movimento Black Rio.

Os jovens criaram uma estratégia de sobrevivência diante de uma polícia cada vez mais violenta. Eles andavam sempre em grupo. "Black não andava sozinho. E por que não andava sozinho? Porque tinha a ditadura, e eu, como era menor, não podia. Imagina se a polícia me pegasse? Ia me bater, e sabe Deus o que iria fazer",* conta a dançarina Cássia Lopes.

> E o baile era até de manhã, tanto que quantas e quantas vezes a gente dormia sentado; quer ver um lugar que a gente dormia muito, era na porta do cinema Irajá, e que hoje é uma [Igreja] Universal. Caraca! A gente ficava dormindo ali, porque o ônibus começava a rodar às cinco horas da manhã, e o baile acabava às quatro. A gente tinha que ficar ali, aquele monte de blacks, tudo sentado esperando o ônibus chegar. Nós éramos muitos ali, então a polícia não ia mexer. Nunca andamos sozinhos.[2]

2_C. Lopes, entrevista para o filme *Trem do Soul* em 8 de março de 2020.

Dom Filó confirma a necessidade de os blacks andarem em grupo: "A partir do momento que os negros começaram a andar em bloco, diminuiu o assédio, a pressão da polícia junto àquela juventude. Sozinho, tu ia dançar, mas se você tivesse em grupo ia ser mais complicado."*

Foi andando sozinho, em 1973, que o compositor Macau "dançou" nas mãos da polícia. Ele saía de uma exposição no bairro carioca da Lagoa quando foi abordado por meganhas. Mesmo mostrando a carteira de músico profissional, o policial arbitrariamente resolveu conduzi-lo à delegacia, onde foi destratado e agredido. Depois foi posto novamente dentro de um camburão e rodou horas pela cidade com outros detentos. De volta à delegacia, seria resgatado do calvário pelos amigos.

A revolta contra a arbitrariedade policial, contra o preconceito racial, levou o compositor a criar uma obra-prima da Black Rio, um hino popularizado pela magnética voz da diva Sandra de Sá, entoado onde houvesse uma reunião festiva de negras e negros no começo dos anos de 1980:

> A minha revolta era indescritível. Cheguei em casa aos prantos. Peguei o meu violão e fui pra praia. Foi quando surgiu a inspiração para a música "Olhos coloridos", desse triste acontecimento e de um momento de absoluta decepção com o sistema e a sociedade. Olhei pro horizonte e lembrei do meu avô, que, naquela mesma praia do Leblon, ficava assando milho e tocando caxambu, um batuque afro-brasileiro de Minas Gerais, de onde ele veio. "Olhos coloridos" foi um manifesto pessoal, saiu como um desabafo, com aquela levada que aprendi com meu avô. Afinal, percebi que só consegui contar a minha história com o meu violão: "Você ri da minha roupa/ Você ri do meu cabelo/ Você ri da minha pele/ Você ri do meu sorriso/ A verdade é que você/ tem sangue crioulo/ tem cabelo duro/ Sarará Crioulo..." (PEIXOTO; SEBADELHE, 2016).

SANDRA DE SÁ

Ninguém melhor que a cantora, compositora e atriz Sandra de Sá para ganhar o título de diva do movimento Black Rio. Carioca do subúrbio, Sandra Cristina Frederico de Sá nasceu em 1955, em berço musical. Seu pai era baterista e seu aprendizado musical começou bem cedo em casa. No início dos anos de 1970, Sandra frequentava a Escola de Samba Caprichosos de Pilares e os bailes black pela cidade. Era uma exímia dançaria de samba e de soul.

Com uma voz singular, marcada pelo suingue e timbre grave, Sandra construiu sua carreira apoiada na estética musical da cultura negra. Seu primeiro disco, na gravadora RGE, tem a marca registrada dos arranjos de Oberdan Magalhães, o maestro da Banda Black Rio, grupo criado por ele e pelo soulman Dom Filó, nomes de destaque no movimento Black Rio. Já no seu segundo trabalho a cantora estoura pelo Brasil com a música que virou hino dos blacks, "Olhos Coloridos", de Macau. Sandra criou uma identidade tão forte com a questão da negritude no Brasil que, nos anos 90, redefiniu a sigla MPB, de Música Popular Brasileira, para Música Preta Brasileira. A partir daí, sua produção musical, e de outros artistas blacks, passou a ser identificada pela nova sigla. Uma das principais representantes femininas do soul brasileiro, Sandra emplacou 17 trilhas sonoras em novelas brasileiras, tornando-se uma referência nesse tipo de produção.

"Olhos Coloridos", nas entrelinhas, representa a visão de uma paisagem étnica brasileira diversa, com vários tons de pele, "colorida". O sonho de uma sociedade multirracial e harmônica.

O penteado sempre foi o idioma do corpo, sinalizador da origem, status social, crenças e valores de cada clã e de cada povo. Para as tradicionais culturas africanas, a cabeça seria o centro de controle do corpo, cabendo ao cabelo a comunicação com os deuses e espíritos para chegar à alma. Por isso, os mercadores de escravos raspavam as cabeças dos cativos para apagar suas origens identitárias. O cabelo negro é uma referência para a construção de uma memória de subversão em um ambiente inóspito. A escritora Grada

Kilomba afirma que "o cabelo tornou-se o instrumento mais importante da consciência política entre africanas e africanos da diáspora. Dreadlocks, rasta. Cabelos crespos ou 'black' e penteados africanos transmitem uma mensagem política de fortalecimento racial e um protesto contra a opressão racial." O cabelo como símbolo do engajamento na luta contra o racismo mostra a relação entre consciência política e descolonização dos corpos dominados na diáspora (KILOMBA, 2019).

O escritor e compositor Nei Lopes aponta, na sua *Enciclopédia Brasileira da Diáspora Africana*, que foi a partir do movimento Black Power que surgiu o "orgulho dos cabelos carapinhados e cheios", nas palavras dele, como forma de negar a estética eurocêntrica e reafirmar a etnicidade africana:

> [...] denominado, derrogatoriamente, "carapinha" ou adjetivado de "pixaim" ou "ruim", diante do "cabelo bom" dos não negros, o cabelo crespo e lanoso de africanos e descendentes é o principal elemento definidor de sua etnicidade. Por isso, na Diáspora, nas tentativas de fugir a essa marca, por imposição do eurocentrismo, quase sempre se empregavam expedientes como o de raspar ou alisar os cabelos (LOPES, 2004).

Como podemos ver, não era só o volume das caixas de som que fazia a cabeça dessa juventude black. Estava na mente desses jovens o uso do cabelo ao natural, sem alisamentos e com bastante volume. Os bailes soul promoviam, sem sombra de dúvida, uma atmosfera de valorização do estilo black que celebrava uma estética afro-brasileira inspirada no visual afro-norte-americano. Alguns pesquisadores relatam como as vestimentas negras durante a escravidão, tanto no Brasil como nos Estados Unidos, chamavam a atenção, com peças muito coloridas e "descombinantes", ostentando um capital simbólico no Novo Mundo possivelmente oriundo da África Ocidental (OSTENDORF, 2000). A dançarina Cássia Lopes diz que "o negro não usava roupas coloridas, era roupa preta ou branca ou listrada. Então, em 1970, com o movimento soul black, foi que nós começamos a aparecer com a calça vermelha, xadrez, amarela, com chapéu, boina na cabeça. Tudo que chamava a atenção! E nós procurávamos chamar atenção na dança, nós queríamos era dançar." *

Ainda podemos fazer outros paralelos entre a experiência negra norte-americana e a brasileira, em que mesmo os mais pobres se esforçavam para ter ao menos uma boa vestimenta que seria usada aos domingos, nas missas católicas ou cultos pentecostais - a "roupa da missa" -, momentos de convívio coletivo de comunidades que se organizavam em torno de rituais religiosos. "Toda semana a gente mudava de roupa, não tinha esse negócio de amanhã repetir. Cada baile a gente estava com uma roupa, e eu principalmente! Foi quando eu aprendi a fazer unha pra ter dinheiro para ir nos bailes, e aprendi a costurar, entendeu?" *, comenta Cássia.

Para o pensador britânico-jamaicano Stuart Hall, o estilo proposto pelos blacks apresenta "novas dramatizações de linguagens e identidades",

> essas performances estrategicamente e convenientemente propunham imagens e discursos positivos em torno de uma conscientização racial, tomando por base uma valorização estética e uma celebração festiva da diferença, no lugar de atuações político-pedagógicas mais convencionais. Uma diferença baseada no significado, que é crucial à cultura, aberta a dinâmicas e reapropriações dialógicas (HALL, 2003).

As mulheres que frequentavam os bailes queriam "causar", chamar a atenção, por isso se inspiravam em atrizes negras estadunidenses, como Pam Grier, ícone do movimento blaxploitation, em divas da black music, como Dianna Ross e Aretha Franklin, para montar seus visuais com olhos carregados de glitter, sobrancelhas extremamente finas, e as roupas coloridas. A dançarina Lourdinha conta, toda orgulhosa:

> Então, na verdade, as minhas coisas vinham todas de fora, porque eu trabalhava com uma família e eles viajavam muito. Então, não tinha um disco aqui ainda do James Brown e eu já tinha importado, porque eles traziam. Então, eles traziam sapato, blazer, roupa colorida, e aí, mais essa, eu era a metida, mas eu não tinha um puto no bolso. Mas eu chegava lá toda arrumadinha e tal, com as roupas diferentes. Tinha isso também: a galera me chamava de metida, porque eu ficava muito na minha. Na

> verdade, eu era tímida. Meu estilo era gravatinha, terno, colete, camisa branca, sapato preto, que é a minha marca até hoje. Depois o cabelo começou a ficar branquinho, eu tinha 23 anos quando saiu uma mecha, e depois foi clareando, eu fui deixando, deixando, e assim foi."[3]

Filó confirma que o visual dos homens e das mulheres eram muito similares: "O visual do homem e da mulher passa a ser único, porque para mulher demostrar a dança, ela aboliu a saia e passou a ter o mesmo desenho do homem, porque, ao dançar, você via os passos. O passista no samba, aqueles passos você via no soul..." *

Para o DJ Paulinho Black Power, a moda gerada pelo soul pegou até mesmo naqueles artistas que nada tinham a ver com o movimento:

> Teve na época um filme que fez muito sucesso, o *Wattsax* (1973). [...] O público olhava para aquilo no telão e falava: "no próximo baile eu vou vir assim também". Botavam uns casacões, óculos escuros, chapéu, sapato maneiro. Era uma postura. E era o seguinte, não combinavam cores. Uma camisa rosa, um casacão azul marinho, um chapéu branco, uma bengala com a luzinha na ponta, um cachimbo. No auge do movimento soul, vários artistas e cantores (mesmo alguns que não tiveram relação direta com o soul) adotaram o visual. De James Brown aos Jackson Five, passando por Simonal, Jorge Ben Jor, Tim Maia, Tornado, Gilberto Gil e atacando em outras frentes como os sambistas Roberto Ribeiro e João Nogueira e jogadores de futebol como Jairzinho, Paulo César Caju e Júnior. *

Nas ruas e nos bailes, o visual ostentado por alguns blacks era composto por ternos vistosos, chapéus de aba larga, joias, correntes e relógios que pareciam ter saído de um filme americano de gângsteres dos anos 1930, 1940. Todo esse visual, para Gerson King Combo, era café pequeno: além de bem caracterizado com capa e chapéu de lontra, aquele visual de cafetão americano, Gerson colocava e tirava várias capas e casacos no palco, como seu ídolo James Brown. Mas

3_Maria de Lourdes Pereira Santos (Lourdinha), em entrevista para o filme *Trem do Soul*, em 10 de abril de 2020.

essa cópia "fiel" de estilos não era unanimidade e saltava aos olhos sempre críticos do DJ Neném:

> era exagerado pra gente, porque o americano pode andar com casaco de pele, porque lá faz frio pra isso, mas aqui não faz esse frio. [...] aquilo era uma forma de se manifestar, a maneira que está se vestindo, entendeu? Ele não quer saber se está agredindo, ele quer se manifestar. O negão americano está se manifestando: "Ó! Eu estou aqui, eu existo. Ó aqui a minhas roupas". Ele quer se manifestar, mas não faz sentido, nós brasileiros, com um calor da porra como o nosso aqui, botar um casaco... *

A título de curiosidade, a vestimenta em algumas sociedades tradicionais era o elemento principal de visibilidade e dignidade dos indivíduos. Por isso, era comum encontrar nas casas inúmeros vestidos, sapatos, camisas, calças, colares, pulseiras, e nem um sinal de um fogão ou geladeira. "São as coisas que a pessoa escolhe livremente que devem defini-la, não as coisas que ela tem que fazer. A liberdade parece central na autoconstrução" (MILLER, 2013).

A galera que frequentava os bailes juntava seus parcos rendimentos, ou mesmo fazia dívidas por meses, para que cada noite fosse única, singular, sobretudo na apresentação de um visual diferente. O dançarino Jorge Brown, em entrevista ao filme *Trem do Soul*, diz que queria fazer uma roupa igual à que via os artistas usando na televisão para dançar. Uma roupa mais justa preparada para as piruetas, espacates, que deixasse bem à vista os "pisantes" (sapatos). Mesmo com o dinheiro curto, acabou fazendo várias: "'Pô! Como é que eu vou fazer?' Aí mostrei para minha sogra, que tem 94 anos. Ela falou: 'Jorge, compra o pano que eu faço!' Eu falei: 'Será que ela vai fazer mesmo?' E ela fez... um modelo extraordinário. Aí pensei: 'vou fazer outras cores também para não repetir no baile'. Aí fiz vermelha, coral... o pessoal ficou assim: 'Pô!'"

O sapato chamado de pisante ou cavalo de aço era outro adereço fundamental no estilo black. Esses calçados eram inspirados nos sapatos plataforma, com saltos grossos e altíssimos. As solas podiam ter várias camadas ou "andares". O nome cavalo de aço foi adotado como referência à novela homônima da TV Globo, exibida em 1973, na qual o personagem Rodrigo, interpretado pelo ator Tarcísio Meira, usava sapatos de grossas solas de borracha, apesar de o nome da novela fazer alusão à moto do herói da trama. Dom Filó classifica o sapato como o novo "trono" dos blacks: "Geral dançava descalço e a hora que você consegue um sapato, aquilo ali vira o seu trono. O sapato era um trono… Eu não sei até hoje como surge esse sapato cavalo de aço plataforma, isso não está no James Brown, isso não está na América [do Norte], isso é coisa nossa."*

Não eram muitas as lojas que dispunham desses modelos específicos de calçados. Por isso, eram disputados a tapa em duas sapatarias em particular: a Sapataria Pinheiro, na Galeria São Luiz, em Madureira, e a loja do Souza, no centro da cidade. Os pisantes de três, quatro andares, feitos à mão, eram modelos considerados especiais e custavam bem mais caro. Só a filial do Pinheiro, na galeria São Luís, em Madureira, vendia, por semana, cerca de 500 pares de sapatos especiais para os dançarinos (FRIAS, 1976).

Uma outra origem possível para o nome "cavalo de aço" para os sapatos era associada ao recurso de fixar chapas de metal no solado, na região do salto e na frente, um truque para facilitar a movimentação do dançarino no momento dos giros na pista de dança. As combinações de cores dos pisantes eram as mais inusitadas possíveis: rosa-choque, rosa e roxo, amarelo-ovo, verde-limão, pescoço de marreco, ocre marajó. Tudo isso levou a outro apelido desse modelo de pisantes: "Salada de frutas". Eles estavam sempre brilhando e bem engraxados: "porque a parte mais importante do black era o sapato. Era o 'tchan'. Não existia tênis na época. Ninguém ia de tênis. Então você tinha que fazer um sapato. Ele era feito sob medida, duas cores, três cores e, geralmente, em verniz",* conta Dom Filó. Para DJ Neném, o sapato era o apetrecho mais caro da vestimenta dos blacks: "a gente juntava dinheiro para comprar o sapato à prestação, igual nego faz festa hoje em casa de festa. O cara começa a pagar hoje, para fazer a festa daqui a um ano. O sapato era a mesma coisa, a gente passava lá no cara, dava uma entrada, e custava caro, um sapato desse que estou falando, feito sob medida, tinha que custar caro, porque era na mão que o cara fazia. Ele custava dez bailes."*

O sapato imponente para os blacks era, digamos, uma revanche, um grito de liberdade, e uma afirmação diante de todos os séculos que escravos domésticos, agricultores, mineradores ou urbanos, eram obrigados a andar descalços em terra batida. Só homens livres, chamados "homens bons", as elites da época, podiam calçar sapatos para sair às ruas. Por isso, a expressão "pé-rapado" é usada para caracterizar pejorativamente os despossuídos, os miseráveis, os que não têm bens, os análogos a escravizados até hoje.

A proibição de usar sapato nunca constou de qualquer lei escrita, mas sobreviveu a partir da força impositiva do costume – o tal do direito consuetudinário. A violência da "falta" do sapato era tal que, logo após o 13 de maio de 1888, data da abolição formal da escravidão no Brasil, reza a lenda que muitos ex-escravizados correram às lojas para comprar o seu par de sapato. No entanto, como seus pés estavam acostumados ao trabalho duro, pesado, do dia a dia, tinham bolhas e calos enormes. E assim muitos libertos e libertas foram vistos, felizes e orgulhosos, levando sapatos amarrados pelos cadarços à tira colo, como se fossem troféus de liberdade. Os sapatos converteram-se, junto ao cabelo black, no símbolo máximo da recuperação da autoestima e da valorização da negritude. "O sapato era um trono", como disse Filó.

A maioria dos jovens que frequentavam os bailes eram trabalhadores, como bagageiros, contínuos, entregadores, balconistas, ambulantes, biscateiros, auxiliares de escritórios, empregadas domésticas. O cantor Gerson King Combo diz que o público do soul era um público de jovens trabalhadores, mas, acima de tudo: "um público muito orgulhoso. Querendo cada um aparecer mais que o outro em tudo, na dança, no cabelo;

> olha, o negão até chegar a Black Rio, eles trabalhavam no escritório, era estafeta. Eles pegavam o dinheirinho deles, não tinha lugar para ir com dois merréis. Tu não entrava num baile do The Fevers, dos cocotas, era dez ou quinze merréis. Eles não tinham, e ajudava em casa, e não dava para comprar nada. Então, o que acontecia? Com dois merréis pagava o baile soul que era um conto e sobrava um pra ele tirar onda e comprar um refrigerante. E ali eles cresciam como gente, com o pensamento: "Pô! Eu não sou tão feio assim, o meu cabelo". A autoestima deles foi aumentando, e eu falando que: "Assuma a sua mente!"*

E o estilo foi se aprimorando cada vez mais. O movimento black criou uma nova gramática no vestuário: porque, a partir de um determinado momento, conta Dom Filó, "a gente começou a criar a nossa própria maneira de vestir. Que era muito elegante. Porque era uma roupa que batia com a gente. Diferente de você chegar ali e comprar uma roupa numa butique. Você fazia a sua roupa. A calça vinha na sua medida, os sapatos eram obras de arte..."* Não eram só os frequentadores dos bailes que andavam sempre na moda. Dom Filó e toda a equipe da Soul Grand Prix usavam um visual totalmente preto, com jaquetas, botas e boinas, estilo totalmente inspirado nos Panteras Negras. E essa chinfra não ficava restrita aos bailes. Longe disso. Dom Filó e a rapaziada da SGP circulavam pelas ruas da cidade com essa vestimenta a pé ou dentro de um Galaxy preto.

Para a professora e antropóloga Sonia Maria Giacomini,

> a moda soul, como toda moda, mantém uma relação direta e ininterrupta com o costume. Mas, por seu compromisso específico com um grupo étnico em condição minoritária, o diálogo estabelecido é duplo ou, se prefere, referido a dois diferentes costumes ou tradições. De um lado, a moda soul dialoga com o costume dominante na sociedade envolvente, tomando-o como referência a partir da qual procura se distanciar e diferenciar. De outro lado, ela evoca - e dialoga - com o costume e a tradição nos quais o grupo vai buscar resgatar sua originalidade e o que seria sua autenticidade. De um lado o reconhecimento pelos iguais e, de outro, a afirmação da especificidade junto aos diferentes (GIACOMINI, 2006).

Nesse sentido, a comunicóloga Luciana Xavier de Oliveira, em seu excelente trabalho sobre o movimento, diz que as ações da Black Rio eram muito mais do que atos de resistência racial:

> Uma visão mais produtiva sobre essa cena deve enfocar as nuances criativas e reconfigurações identitárias e estéticas marcadas pelo consumo, embasando uma série de ações que apontava para um potencial provocador, subversivo e contraditório das políticas culturais, atravessando e recortando fronteiras de classe, raça e território (GIACOMINI, 2006).

Mas não foi só a juventude que conquistou essa "possibilidade de se autogerir esteticamente". A geração anterior também adotou o visual Black Power. Dom Filó conta como começou essa mudança:

> Na minha casa, e na casa de muitos negros, o comportamento estético, e vamos dizer, a identidade negra, não existia. Por quê? Meu pai dizia: "Ah! Vai cortar esse cabelo!". O meu cabelo era batido, minha mãe esticava o cabelo, ela exatamente tinha como uma referência a identidade branca. Aí o soul veio, com dois ou três anos, meu pai tinha black, minha mãe deixou de usar o cabelo esticado, a autoestima começou a crescer dentro da comunidade, começou a crescer dentro da minha casa (GIACOMINI, 2006).

Sob a batuta do DJ Mister Funky Santos, o pioneiro artista a falar diretamente para a juventude negra, o baile do Astória passou a ser a centralidade no cenário da Black Rio. O curioso é que o próprio nome Funky remete à musicalidade ao estilo James Brown e o sobrenome Santos marca definitivamente o território do candomblé, da umbanda, da capoeira, dos ranchos, das escolas de samba, nas regiões do Rio Negro, da Grande África Soul: Catumbi, Saúde, Gamboa, São Carlos, Cidade Nova. A nova centralidade do baile, impulsionando o movimento Black Rio para novos territórios, proporcionou a criação de um amplo mercado de produtos referenciados na diáspora negra. A partir daí, o movimento se torna de massa, alcançando as áreas metropolitanas. De todo modo, o visual black possibilitou uma identificação que não passava, exatamente, pela "brasilidade". Foi a partir do fomento e da circulação da estética da Black Rio que jovens negros mudaram a paisagem de várias cidades do Brasil nos anos 1970, ao apresentarem seus estilos e performances referendados na diáspora africana. Esses jovens propagavam a valorização da beleza, da dignidade e do orgulho negro em contraposição à marginalização, à pobreza e à segregação social.

SERVIÇO NACIONAL DE INFORMAÇÕES

AGÊNCIA CENTRAL

INFORMAÇÃO Nº 0448 /19/AC/78

DATA : 30 MAI 78

ASSUNTO : RACISMO NEGRO NO BRASIL

ORIGEM : AC/SNI

DIFUSÃO : SG/CSN-DSI/MJ-CIE-CISA-CENIMAR-CI/DPF

ANEXO : Cópia xerox de reportagem.

---

1. A revista "ISTO É", de 17 Mai 78, aproveitando a comemoração do Dia da Abolição da Escravatura, no BRASIL, publicou a matéria "ABOLIÇÃO", versando sobre o suposto preconceito racial existente no BRASIL.

Na parte inicial "QUAL É O LUGAR DO NEGRO", apresenta opiniões emitidas em um debate promovido pela revista, da qual participaram: Dep Fed MDB/SP ADALBERTO CAMARGO, JOSÉ MARIA NUNES PEREIRA, do Centro de Estudos Afro-Asiáticos, da Faculdade Cândido Mendes, do RIO DE JANEIRO; CLÓVIS MOURA, Sociólogo e Presidente do Instituto Brasileiros de Estudos Africanistas (IBEA); ODACYR GOMES, Presidente do Centro de Estudos de Cultura e Artes Negras (CECAN); MILTON BARBOSA, também do CECAM; ALBÉRIO MENDES FILHO e NEUZA MARIA PEREIRA, do Grupo Afro-Latino-Americano (Convergência Socialista); RAIMUNDO RODRIGUES FILHO, Arquiteto; MARILDA de tal, secretária; ZÓZIMO (ZÓZIMO BRÁULIO BARROSO AMARAL); BULBUL, ator; LÉLIA GONZALES, da Escola

INFAO 448/19.AC/78

de artes Visuais, do RIO DE JANEIRO; PAULO CÉSAR LIMA, jogador de futebol; e ABDIAS NASCIMENTO, professor universitário, marxista, residindo nos ESTADOS UNIDOS e que respondeu por telefone.

A seguir, publica duas reportagens "MUKANDA SOBRE CAFUNDO", versando sobre uma pequena comunidade negra de SÃO PAULO e "ZEZÉ, A VOZ DA RAÇA", exaltando a figura da cantora e atriz negra ZEZÉ MOTA.

2. A matéria em questão, insere-se na campanha, já caracterizada, de criar antagonismos raciais no BRASIL e que vem sendo desenvolvida com o apoio de vários órgãos da imprensa.

As principais idéias nela contida, revelando inclusive tendências ideológicas de esquerda, podem ser assim resumidas:

- a democracia racial no BRASIL é "um dos grandes blefes da estrutura dominante";

- a abolição da escravatura, visou a evitar que os negros tomassem o poder como ocorreu no HAITI;

- a sociedade dominante permite que o negro suba "individualmente", não "massivamente";

- a separação da "grande camada negra" em pardos, mulatos e negros faz parte do "mecanismo de defesa das classes dominantes";

- na "chamada democracia racial" quem lucra é apenas a classe dominante;

- sempre que o negro tenta se organizar e "fazer frente" à situação é tachado de racista;

- o que está acontecendo no BRASIL é um "genocídio não institucionalizado;

- mesmo nos Estados socialistas, como os da ÁFRICA negra, as minorias, têm que continuar lutando,porque se não "são passados para traz";

- os negros, no BRASIL, estão pressionados por dois lados. Por um lado a classe dominante dizendo que no País se vive em harmonia; de outro, a esquerda dizendo que o problema é de "classe", não racial;

- o Itamaraty é culpado de transmitir uma imagem distorcida do negro brasileiro, apresentado como favelado, sambista ou futebolista;

- a nível individual pode haver exemplos de abertura para o negro, mas não com a grande maioria da população negra, que não consegue emprego por causa da cor;

- há um movimento muito grande no BRASIL para valorizar o negro;

- PELÉ é um exemplo de negro que ascendeu na vida, foi envolvido pelo sistema e passou por um processo de alienação. PAULO CÉSAR, por não ter aceitado as mesmas regras impostas a PELÉ passou a ter problemas;

- o negro tem que ser "débil, gênio ou revolucionário". Entretanto, a exigência das esquerdas para que seja revolucionário ou contestador é falsa;

- o negro é submetido a um controle ideológico, que acontece em todos os setores da vida nacional. Há necessidade de que os negros se preocupem com a educação, que é alienante, com a imprensa e com as "entidades aglutinadoras";

- enquanto os brancos podem freqüentar livremente as discotecas de "rock", o "BLACK-RIO" é perseguido pela Polícia;

- ZUMBY DOS PALMARES foi o primeiro negro brasileiro que "tentou estabelecer uma forma de regime político, social, econômico, cultural onde não apenas o negro participava, mas o índio, o branco, o pobre, o mestiço;

- ZUMBY representou as idéias não do negro, mas de uma nacionalidade brasileira;

- o genocídio existe a partir da "segregação urbana racial", onde o índice de morte dos favelados é astronômico, e deve ser anterior ao "Esquadrão da Morte";

- o povo brasileiro não possui identidade em si mesmo, porque não tem consciência de suas origens no que se refere à presença negra e indígena;

- a cultura negra, brasileira ou afro-brasileira é aproveitada e manipulada, transformada numa espécie de mito;

- as religiões africanas quando foram trazidas para o BRASIL se transformaram em religião de resistência do negro no sistema escravagista;

- a quimbanda é freqüentada pela classe mais oprimida, o subproletariado, o marginal, representando um processo de resistência;

- há duas tendências para a solução do problema do negro: uma de transformação dentro do sistema capitalista e outra de mudanças básicas na estrutura da sociedade. O "negócio" é partir para a ação e abandonar toda discussão que parece divisionista;

- os negros brasileiros têm que se aproximar da ÁFRICA por seus próprios canais e não a nível oficial. A inspiração das forças culturais do negro brasileiro com a da autodeterminação dos povos vai reforçar o movimento que é internacional;

- o movimento negro autêntico tem que ter instrumentos de definição e de criação de suas próprias instituições;

- IDI AMIN é aproveitado pela imprensa para denegrir a liderança africana e mostrá-la como incapaz de governar;

- o racismo é um instrumento de dominação ideológica, de base racial, é um instrumento moderno, não um instrumento histórico, como a ideologia oficial pretende fazer crer;

- contra o racismo é necessário uma luta política que se deve traduzir pela transformação das instituições que o produzem e a outras ideologias de dominação, como o machismo e o consumismo. Essa luta política deve ser articulada a uma luta social ou a uma luta de classes, embora com cuidado;

- o racismo é fundamentalmente uma "questão de capitalismo", que não dá oportunidade ao negro;

- a solução para o negro brasileiro não precisa ser buscada em modelos estrangeiros; na própria história do BRASIL há exemplos de focos de resistência política, social e econômica, focos de tentativa de criação de afirmação de si mesmo.

* * *

4_A RODA, O ÁPICE DA CENA DA GRANDE ÁFRICA SOUL

A exibição era onde o cara, que ficasse no meio da roda, tinha que se exibir, tinha que dar show! Eram os próprios dançarinos que abriam a roda. Não tinha público e dançarino, era uma coisa só. Todo mundo era dançarino! (DJ Neném)

Os bailes ocorridos sobretudo no Astória e no Renascença mudaram o perfil do cenário que até então era realizado no Baile da Pesada, por Big Boy e Ademir, no Canecão. Houve uma migração dos bailes da Zona Sul para o que estamos chamando de A Grande África Soul, as áreas da cidade e de cidades limítrofes ao Rio com forte presença da população negra. Sendo assim, o conceito de cenário que surge no movimento Black Rio faz emergir mudanças nas práticas sociais e nos seus significados que antes se davam em um território sem a memória e sem a presença massiva da afrodescendência.

A Black Music saiu dos Estados Unidos para alguns países do mundo, criando cenários específicos de circulação de ideias, informações, prática social e produção musical. Ou seja, a Black Music era organizada em nível local (Estados Unidos) e global (exemplo do Rio de Janeiro e de outras cidades do mundo). A cena que emerge nos bailes periféricos da black leva em conta o espaço físico em que ela ocorre, sobretudo quando é ao vivo. É nele que os atores – DJs, produtores, equipes, colecionadores, frequentadores, dançarinos

- criam uma sensação de pertencimento. Por isso, os bailes são os destaques nas cenas. Eles são os lugares de comunicação por excelência e reúnem uma ampla gama de práticas sociais próprias de um grupo (STRAW, 1991).

A título de comparação, a cena em que surge o choro, ou chorinho, no Rio de Janeiro, é extremamente diferente da Black Rio. Gênero instrumental carioca, nascido em 1870, o choro ocorria em casas e gafieiras dançantes da cidade. A disposição dos músicos - flautistas, cavaquinistas, violonistas - em forma de roda ou em pequenos "palcos", caracterizaram a cristalização do gênero nos anos 1920 do século passado, na vultosa presença do maestro Pixinguinha. Uma cena como essa é incompatível com o cenário dos frequentadores do baile black. Cada um desses gêneros se organiza em um tipo de espaço particular, com uma morfologia que permite o desenrolar das ações que o grupo pretende realizar. O baile black, um movimento de massa, não encontra paralelo nos pequenos espaços de apresentação de choro para uma pequena plateia e com pouco espaço para encenar as inúmeras coreografias dos dançarinos. Tão pouco o baile black pode prescindir do calor, do contato corporal dos grandes salões dos clubes ou da quadra das escolas de samba, cercados pelo som potente das equipes. Já o calor do choro geralmente se circunscreve aos desafios entre os instrumentistas e, nas gafieiras, às danças em pares, que é a base da polca europeia - sacudida pelos ritmos afros das ruas.

A comunicação entre os grupos contribuiu muito para a união e organização na cena da Black Rio. Dificilmente uma cena poderia surgir e se manter sem que houvesse pelo menos um ponto em comum, seja ele visual, auditivo ou corporal. Essa unificação dava sentido às ações e contribuía para o fortalecimento das práticas sociais. O modo de se apresentar em público, os acessórios e movimentos como a "roda nos bailes" são exemplos de interações sociais que extrapolam a palavra.

O local de encontro também define significados para a prática cultural. Nos bailes *black*, a música é um componente desse cenário, que inclui ainda ideias políticas, um território público de visibilidade para esses jovens, com suas indumentárias e perfis próprios, compartilhando uma nova identidade da negritude na área urbana. É importante não perder de vista que a cena musical não é apenas uma interação social, mas inclui uma lógica da produção e comercialização, uma tentativa da indústria fonográfica de tornar a música rentável.

Sendo assim, a cena do baile, da festa, ou da celebração é uma rede de práticas sociais relacionadas ao simbólico, à economia, à política, à educação e à cultura. Mas, por todas essas áreas, perpassa a questão do território quando analisamos o surgimento, a propagação e o declínio dos festejos. No território tem afeto, tem o que se percebe, se vive e tem o conflito. E tem as estratégias, constituição e organização daquele território, daquele espaço territorializado. O mais impressionante quando olhamos esse Rio Negro, essa Grande África Soul quase invisível ao poder público, é a força e a capacidade que ele tem de enfrentar as dificuldades e de se ressignificar nos territórios. Ou seja, em tempo de paixões tristes, no roteiro do filósofo Spinoza, criam-se paixões alegres nos repressivos anos 1970. Essa reinvenção da alegria, da esperança, do orgulho, do pertencimento, é a celebração de corpos de mulheres e homens que passam a ser sujeitos de sua etnia e de sua origem de classe. São corpos que reivindicam direitos ao transformarem o baile black em uma cena pública. São sujeitos que não querem ser vistos apenas como operários, trabalhadores braçais, e sim como atores alegres que se divertem dançando e cantando com muito pouco dinheiro no bolso. A "alma encantadora do soul" colocava em voga, no seio da negritude, uma das máximas do filosofo Aristóteles: "e o princípio do ser humano não é ser feliz?"

Se o baile é cheio de afeto e celebração, criando um *corpus* político, há momentos singulares no decorrer da festa em que essas palavras são redimensionadas ao extremo: o momento em que se abre uma roda, para o êxtase dos DJs e do público, é um instante único, o apogeu da festa. A roda marca, condensa-se no salão da festa traduzindo a territorialidade do movimento, dos cabelos black, dos pisantes, da vestimenta, dos estilos de dançar, dos repertórios compartilhados e das formas de viver a cidade.

Os bailes black eram animados por música negra americana. Entretanto, em cada território, a ressignificação das culturas diaspóricas ganhou contornos locais, fomentando o surgimento de novos gêneros musicais. O jazz dos norte-americanos assemelha-se muito ao choro brasileiro, sendo que o primeiro é concertante, enquanto o segundo é mais solista. Seria, certamente, impossível descrever o quanto de origem similar tiveram os gêneros em ambos os países (ou na Jamaica, em Cuba, Honduras, El Salvador), e que, no passar dos anos, se constituíram em estilos locais, característicos de cada lugar. Porém, há que se ressaltar uma diferença dos bailes soul brasileiros para os americanos: uma acentuação maior das rodas de soul, o auge do baile e do dançarino, no circuito da Grande África Soul, como um forte elemento das matrizes africanas que já existiam nesses territórios. Fazendo uma comparação meio ousada, seria como se a dança do miudinho, tão apreciada pelo sambista João da Baiana e por sua geração, nos anos 1920 no Rio do século passado, saltasse mais de cem anos no tempo com novos elementos coreográficos e voltasse como dança do passinho. A roda de soul e o contemporâneo passinho são resultados de movimentos culturais que surgem em momento de luta, em momento de criação de visibilidade e de afirmação de identidades, como foram no passado as rodas de capoeira e de samba.

As danças circulares têm uma trajetória longínqua na história da humanidade. Surgem de uma "imitação" de temas da natureza. O círculo em permanente rotação cria um elo da sociedade com o sagrado. Um elo tão forte, tão cheio de significados, que iguala a todos, em gênero, idade e classe social; o círculo ancestral reproduz-se na mesa-redonda, nas rodas de terapia de tratamento de dependentes químicos, nas rodas em sala de aula, nas rodas de preleções de time de futebol, nas rodas literárias, nas rodas de capoeira, de samba, de soul... E a música que alimenta as rodas, as danças em círculo, nas sociedades tradicionais, faz parte de uma complexa cadeia de símbolos, dando sentido ao mundo, como nos orienta o professor Muniz Sodré:

> No Ocidente, como o reforçamento (capitalista) da consciência individualizada, a música, enquanto prática produtora de sentido, tem afirmado a sua autonomia com relação a outros sistemas semióticos da vida social, convertendo-se na arte da individualidade solidária. Na cultura tradicional, ao contrário, a música não é considerada uma função autônoma, mas uma forma ao lado de outras - danças, mitos, lendas, objetos - encarregadas de acionar o processo de interação entre os homens e entre o mundo visível (oiê, em nagô) e o invisível (o orum). O sentido de uma peça musical tem de ser buscado no sistema religioso ou no sistema de trocas simbólicas do grupo em questão.

> Ademais, os meios de comunicação musical não se restringem a elementos sonoros, abrangendo também o vínculo entre a música e outras artes, sobretudo a dança (SODRÉ, 1998).

A roda, no baile, era a culminância do encontro festivo. O momento pelo qual todos esperavam. A roda é um geossímbolo, uma vez que marca o território e lhe dá a vitalidade das relações intersubjetivas. Possui, portanto, um significado de força aos sujeitos que são do soul (BONNEMAISON, 2002). Só quem era do soul reconhece sua força no jogo estético de visibilidade na cena do baile. Um frequentador bissexto dos bailes não teria o discernimento do DJ Sir Dema na compreensão do território "disputado" entre os dançarinos, similar a uma disputa na roda de capoeira: "os caras ficam ali que nem jacaré, aí o cara dá cotovelada; o Ligeirinho, por exemplo, era um cara cheio de maldade, ele era mestre de roda, e se o cara estava dançando mais, ele tirava o cara na cotovelada."* Por falar em roda de capoeira, não era incomum os dançarinos de soul serem mestres ou praticantes de capoeira. Nessa região que estamos chamando A Grande África Soul, a capoeira era uma expressão corporal presente desde o século XIX.

Nascida nos tempos da escravidão, a capoeira era uma forma de luta e de ressignificação do corpo negro no território. Para não despertarem suspeitas, as pessoas escravizadas adaptaram os movimentos da luta aos cantos da África, tal qual uma dança gingada. A capoeira é praticada em roda, onde dois componentes se desafiam no meio do círculo com gingados rápidos e de intensa agilidade, elasticidade e plasticidade. Após o fim da escravidão e a Proclamação da República, os negros não foram incorporados ao mercado de trabalho e tampouco o Estado gerou oportunidades de estudo sistemático e moradia decente para eles. Por isso, muitos negros capoeiristas passaram a trabalhar como seguranças de políticos, leões de chácara, cafetões, enfim, a viver da malandragem pelas ruas do Rio. Quase desnecessário dizer que a roda de capoeira e seus praticantes foram perseguidos pela polícia durante toda a Primeira República.

O dançarino, fotógrafo e militante do movimento negro, Zezynho Andrade, um *bon vivant* da Belle Époque do soul, relatou que alguns dançarinos dos bailes eram originários da capoeira e por isso tinham facilidade de fazer acrobacias na pista, gingando com ritmo e malemolência, despertando a atenção do público. Entre eles, Edinho e Paulinho da Philadelfhia, Nilsoul, Ivansoul, além de Paulo Cesar Capoeira, que "era um exímio dançarino e mestre de capoeira, tinha até uma escola de capoeira. A capoeira estava em evidência e muitos dançarinos eram ligados a ela. Eu era da capoeira e isso facilitava meu perfil de dançarino de soul."

No complexo cultural formado pelo samba, a roda está ligada à sua origem e aos seus processos de renovação e reinvenção. O compositor Luiz Carlos da Vila, da geração Cacique de Ramos, gostava de falar em alto e bom som que, depois da invenção do fogo e da roda, a roda de samba é a principal invenção da humanidade. Por tudo o que vimos e falamos até aqui, a frase de Luiz tem um tom profético.

Ancestral, a roda aparece em diversas expressões do samba por todo o país, a exemplo do samba de roda do Recôncavo Baiano.[1] No Rio de Janeiro, na área urbana, a roda que reúne uma "elite" do samba, "detentora" das "tradições dos batuques rurais", é a de partido-alto. Apesar de ser uma expressão carioca, pelo que tudo indica, foi empregada no passado na Bahia para conotar excelência, alta qualidade. "Por exemplo, 'baianas do partido-alto' eram aquelas mais destacadas por seu porte, sua elegância e a riqueza de seus balangandãs" (LOPES; SIMAS, 2015).

Grosso modo, o samba de partido-alto designa uma peleja entre dois (ou até mais) versadores, que consiste em um refrão (uma primeira parte em coro) e de uma parte solada com versos improvisados. "O partido-alto é, então, aquela variante em que, depois de entoado em coro o refrão, estribilho ou primeira parte, dois ou mais cantores, alternadamente, improvisam ao interpretarem de memória solos constantes de versos perfeitamente alusivos ao tema inicial, após o que o coro retoma sua parte." E assim ocorria sucessivamente (LOPES; SIMAS, 2015).

Foi observando a trajetória do samba que o jornalista e pesquisador Roberto M. Moura destacou a roda como o espaço embrionário e revitalizador do gênero, unindo o repertório ancestral com as práticas

1_De início, o termo samba designava cada uma das danças em solo brasileiro oriundas do batuque africano. Entendido em seu ambiente seminal, rural, era "à base de pergunta (solo curto) e resposta (refrão forte), quase sempre dançado numa roda e mantendo como elemento característico a umbigada ou uma simulação dela; e depois, na feição que ganhou no Rio de Janeiro, no meio urbano da antiga capital federal." – umbigada era a dança em roda em que o dançarino que bate com o umbigo no dançarino solista toma o seu lugar ao centro do círculo (LOPES, 2003, p. 15).

sociais contemporâneas. Isso ocorreu, por exemplo, na casa das festivas tias baianas, na Praça Onze, onde a roda foi dando vida ao samba. Solidificada, com alma doméstica e comunitária, a roda de samba foi incorporada aos terreiros das escolas de samba. No decorrer dos anos de 1970, as agremiações passaram a privilegiar um carnaval mais esplendoroso, pragmático e mercantil, sacramentando o fim das rodas de samba em suas quadras e sua relevância para o surgimento de novos instrumentistas, cantores e compositores. Surgem, então, grupos de sambistas que recriam a roda em outros espaços, como o Cacique de Ramos e o Clube do Samba, revitalizando o samba com nova instrumentação, banjo, repique de mão, tantã; essa roda foi denominada de pagode.

> Como em qualquer ritual, a roda preserva e atualiza o que está em sua origem. Nela, o que é tradição dialoga com o presente no curso da história. Tudo ocorre a partir das condições materiais possíveis, mas é imprescindível que os fundamentos sejam respeitados. Quer dizer, os participantes não esperam condições ideais para agir, mas jamais agem contrariando os cânones consagrados pela comunidade (MOURA, 2004).

A roda, assim, renova e resiste como elemento da cena do samba carioca. Esse espírito familiar, que fez e faz a roda girar o samba, vem de dentro de casa. E é de "dentro da casa", primeiro com os bailes ao estilo festa americana nos subúrbios e depois como festas black nos clubes e escolas de samba, que o movimento Black Rio incorpora a roda em seu cenário. Ápice do baile, a roda ressignifica o soul no território carioca, criando as condições para um estilo próprio dos atores envolvidos na cena.

Algumas músicas davam início às rodas de dança nos clubes, como "Sex Machine" (de James Brown) e "I don't have to worry" (do Matata). Quando esses hits tocavam, luzes estroboscópicas começavam a piscar com mais velocidade, enquanto caía uma chuva de filipetas. Esse tipo de apresentação animava a galera nas pistas, como diz Carlos Machado, o DJ Nazz:

> A roda que se abria nos bailes, na época dos bailes de soul, era uma característica que acontecia nos bailes do Rio de Janeiro

> e, posteriormente, foram exportadas para outros estados, tais como Minas Gerais e São Paulo. A roda era o momento máximo de celebração do baile, onde o dançarino exibia seus dotes e o DJ se realizava. Abrir uma roda significava que aquela música que o DJ tocou era um momento especial, um momento solene, uma celebração entre o dançarino e o DJ que tinha tanta dificuldade para comprar um balanço, comprar um disco, e ao colocar no prato e ver os blacks abrindo a roda, significava a sua aceitação imediata, já que o baile era constituído do DJ e do dançarino como formadores de opinião. *

DJ Alcir Júnior, da equipe A Cova, conta que nos bailes se abriam várias rodas ao mesmo tempo:

> A Cova era a última a tocar, só tocava James Brown, e o pessoal ficava, apoiava, e abria a roda, era uma coisa muito emocionantes ver isso. O baile estava muito cheio, o cara queria fazer aquelas evoluções, dar espacate, pião, não tinha espaço, então o próprio público abria uma roda e ficava um dançarino ali, e iam alternando, era o auge, e aí nós ficávamos contando as rodas, "pô abriu 5, abriu 10 rodas!" *

Ou seja, a roda era o ponto máximo da festa, o momento que a cadeia de artistas produtores do evento sentia o prazer do dever cumprido. A "roda era um momento mágico, os dançarinos disputavam entre si, talvez uma manifestação do nosso inconsciente afrodescendente, das rodas de candomblé, jongo etc. Entre os dançarinos tinha a Equipe Philadelphia (com Walter, Pedrinho, Ricardo, Antônio, Marcos, Edinho e Paulinho Filadelfia - esses dois últimos ainda na ativa), os dançarinos Antônio Carlos, o grande P.C. Capoeira, falecido em 2012, e Francisco Black, que veio a falecer depois. E as mulheres, como Lurdinha, Márcia da Cash Box, Cassia Black, Elenice, Ruth, Vera, Rejane e as Irmãs Grand Prix-2000 que encaravam a roda com os dançarinos masculinos", comenta DJ Sir Dema (PEIXOTO; SEBADELHE, 2016).

Uma dessas mulheres que não fugia da "competição" com os homens era a dançarina Cássia Lopes. "O Marcão [da Cash Box] mandava me chamar lá fora: 'vá chamar aquelas duas negras lá!' No caso, era eu e a Dineia, uma amiga minha que ainda mora em Ramos. Nós entrávamos de graça, porque ele sabia que a gente ia entrar lá no baile e ia dançar, porque tinha muita mulher que ficava encostada, mas a gente não, a gente ia para o rolo, para a roda. Então, é como muita gente pensa: Por que não tinha muita mulher? Tinha era pouca mulher com disposição para dançar com os homens. Os homens caíam de espacate, davam cambalhota e a gente fazia isso também..."[2]

Existia uma diferença perceptível entre os dançarinos das pistas e os dançarinos das equipes de som, como relata o DJ Sir Dema:

> Esses dançarinos das equipes eram um evento à parte, então, assim, você vê figuras como Tornadinho, o Homem Árvore, Nelson Triunfo, você vê Ligeirinho, esse cara ele tem um espaço privilegiado, você vê as irmãs 2000. Esses grupos dançavam a música preparada durante a semana com passos ensaiados. Então esses caras eram mais "profissas" e o cara que tava lá na roda, ele dançava o que viesse, o que tocava, ele partia para dentro. *

A equipe Soul Gran Prix, por exemplo, era acompanhada por um grupo de dança, o Angola Soul. Com visual diferente, as intervenções dos dançarinos no meio do baile eram um espetáculo à parte. DJ Neném explica o estilo de dançar soul no Brasil:

> depois [de] você [ter] assimilado o que você está vendo, se você gosta, você dança como o americano [...] aí você cria automaticamente o seu jeito, você desenvolve o dançarino e o estilo do soul, daquela música, porque nem toda música de soul, daquela época, você dançava do mesmo jeito, ainda tinha disso. O soul cada um dançava do [seu] jeito, do jeito quisesse.*

Para o dançarino Zezynho Andrade, essa dança diferenciada do soul, onde a roda é a assinatura do dançarino, tem em Tony Tornado seu principal personagem.

> O Tony Tornado, o formato dele dançar, era o jeito das pernas, ele fazia uma puxada com a perna pra trás e tinha a questão do braço, fazendo o punho Black Power, tipo panteras negras.

2_Cássia Lopes, em entrevista para o filme *Trem do Soul*, 8 de março de 2020.

> A diferença da forma do Tony era essa simplicidade, como o cabelão black e a altura dele, tornando o movimento com muito impacto. Ele não desliza no chão como a forma mais comum que o soul proporcionou durante os anos. A pegada do Tony era realmente diferente. Pouco se dançou como o Tony Tornado.*

O próprio Tony Tornado comentou sobre seu jeito de dançar: "Eu apenas dei uma "abrasileirada", porque a maneira deles [os norte-americanos] é muito diferente da nossa".[3] Gerson King Combo segue pela mesma linha, diferenciando a dança soul dos brasileiros e dos norte-americanos.

> O soul brasileiro é justamente a nossa destreza em dançar [...]. Se você for ver esses programas americanos, a gente dá de mil a zero nas danças, esse espacate, eu fui um dos primeiros a mostrar ao James Brown como é que se dava, porque eu [sou] coreógrafo, eu tenho o maior orgulho disso.*

Independentemente do estilo copiado, reelaborado ou inventado dos blacks cariocas, a roda era um cenário fundamental para os dançarinos mostrarem as suas habilidades coreográficas e toda a indumentária produzida meticulosamente durante a semana para os bailes. A roda era o palco, o *must* da festa, uma forma de reconexão com o mundo, um mundo raptado pela colonização europeia. Era na roda que o dançarino reconstruía sua bateria "energética em um entrelaçamento com a ancestralidade geradora da prática e da cultura (TAVARES, 2012)."

O CORPO UTÓPICO

O corpo negro oprimido pela expansão econômica e cultural do ocidente dialoga e disputa os espaços urbanos nas américas colonizadas. As batidas do som da Black Rio, a reunião em roda para os desafios dos dançarinos solistas, com suas estéticas acrobáticas e seus exímios condicionamentos físicos, a briga por espaços mais visíveis no baile, o sonho de uma carreira na dança, todo esse universo remete aos

3_Entrevista Tony Tornado: "Quando duas mãos se encontram, reflete no chão a sombra da mesma cor". *Revista Mais 60* – estudos sobre envelhecimento. SESC. São Paulo, v. 28, n. 69, dez. 2017, p. 93.

territórios possíveis do corpo, especialmente do corpo que dança, para além do "palco", isto é, para além do lugar físico onde foi gerado o movimento. O corpo é, como afirmou o filósofo francês Michel Foucault (2013), "[...] O ponto zero do mundo, lá onde os caminhos e os espaços se cruzam [...] é como a Cidade do Sol, não tem lugar, mas é dele que saem e irradiam todos os lugares possíveis, reais ou utópicos."

De fato, a função do corpo do dançarino atravessa e ultrapassa a ideia deste como um instrumento controlado e disciplinado, voltado apenas para as funções laborais e industriais. O corpo pede alegria, felicidade, visibilidade, utopias que estão muito distantes do lugar do operário que habita as periferias e bairros pobres dessa Grande África Soul.

Olhando os jovens no cenário da Black Rio, pode-se observar que as danças solistas ou coreografadas estão longe de expressar corpos pueris. O corpo em movimento gera expectativas promissoras muito além da condição de aprisionamento e estigmatização em que são submetidos os blacks como suburbanos e periféricos; alcança novos territórios, reais, simbólicos, utópicos, possibilitando mudanças significativas em seus destinos:

> As rodas que rolavam entre os dançarinos da época, era como o momento maior de cada dançarino ser visto e reconhecido por todos que além de mostrar sua aptidão pela dança de Soul Music também traduzia na aceitação das músicas daquela época, assim como da forma de se vestir e das bandeiras que, nem todos, mas alguns, levantavam em defesa dos direitos dos negros de uma vida melhor (DJ Paulinho Black Power *).

É obvio que essa interpretação, entre muitas possíveis, do baile, da roda e do corpo, no movimento Black Rio, traz o conforto do distanciamento do tempo. Vivia-se uma ditadura civil-militar plena de acirramento ideológico, tanto de nacionalistas de esquerda quanto de direita. Dentro dessa conjuntura extremada, a Black Rio virou a "Geni" de grande parte dos formadores de opinião. Os jovens frequentadores e os artistas do movimento sofriam patrulhamento ideológico, sendo taxados de alienados, de pastiche das negras e negros norte-americanos. Os críticos condenavam o movimento por não pertencer ao que eles construíram historicamente como identidade nacional. Essa seria calcada em nossa mestiçagem, na harmonia racial, no mito das três raças e na valorização da nossa afrodescendência, da nossa "tradição cultural" iniciada no período do escravismo.

Tal posição acabou por excluir o movimento Black Rio dos arquivos de memória do país. Esse Rio Negro musical, essa Grande África Soul, efetivamente de massa, não se encaixava na tradição (choro, samba) nem na modernidade (bossa nova e tropicalismo) da narrativa oficial da música brasileira. Tampouco tinha como referência o decadente nacionalismo da segunda metade do século XX. Seu imaginário era povoado pela diáspora negra, de viés estadunidense, e pela crescente busca de direitos e conquistas sociais dos negros pelo mundo.

5_ DIÁSPORA AFRICANA *versus* MODERNISMO: A BLACK RIO EM QUESTÃO

Ah, tive bailando com eles [com o pessoal do movimento Black Rio]. Penso que são jovens que gostam da vida e desse tipo de música. Conheço jovens assim no mundo todo, nos Estados Unidos... Tinha mais alguma coisa pra achar?[1] (Ola Balogun - cineasta nigeriano)

Há uma certa confluência entres os pesquisadores de que o auge do movimento Black Rio ocorreu na segunda metade dos anos de 1970. Não é por acaso que um dos principais livros a tratar especificamente sobre o assunto se chama *1976, movimento Black Rio*, de Zé Octávio Sebadelhe e Luiz Felipe de Lima Peixoto. Recheado de fotos históricas e fontes primárias, o livro, ao mesmo tempo que pontua o apogeu da Black Rio em 1976, também coloca sua decadência a partir dessa data. De fato, após 1976, os bailes foram afetados por uma série de fatores: a repressão militar, a hostilidade de parte da MPB, principalmente do "mundo" do samba, e a chegada de novas formas de lazer, em especial a *disco music* ou *discotheque*.

Mas quem revelou esse rico universo da juventude negra periférica carioca para a grande mídia do país foi a histórica matéria da jornalista Lena Frias: "Black Rio - o orgulho (importado) de ser negro

1_Da África conta o cineasta multinacional, *Jornal do Brasil*, Rio de Janeiro, Caderno B, 23 de fevereiro de 1978, p. 2.

no Brasil", publicada em 1976 no "Caderno B", o caderno de cultura de um dos principais periódicos em circulação no país, o *Jornal do Brasil*. Ao mesmo tempo em que nomeou e popularizou a cena Black Rio nas páginas da grande imprensa, o texto representou, para muitos membros do movimento, a sua decadência, ao chamar a atenção da sociedade para o fenômeno nos subúrbios cariocas. Marlene Ferreira Frias, a Lena Frias, jornalista afrodescendente, era frequentadora das escolas e das rodas de samba da cidade. Não tinha nenhuma ideia da agitação cultural que ocorria nos subúrbios do Rio. Depois de muita insistência, seu office-boy conseguiu levá-la, com o fotógrafo Almir Veiga, para conhecer o circuito da Black Rio (PEIXOTO; SEBADELHE, 2016). A curiosidade intelectual da jornalista foi tanta que ela produziu uma matéria volumosa para os jornais da época:

> Uma cidade de cultura própria desenvolve-se dentro do Rio [...] Uma cidade cujos habitantes se intitulam a si mesmos de blacks ou de browns; cujo hino é uma canção de James Brown ou uma música dos Blackbirds; cuja bíblia é Wattstax, a contrapartida negra de Woodstock; cuja linguagem incorporou palavras como brother e White; cuja bandeira traz estampada a figura de James Brown ou de Rufus Thomas, de Marva Whitney ou Lyn Collins; cujo lema é: *I am somebody*; cujo modelo é o negro americano, cujos gestos copiam, embora sobre a cópia já se criem originalidades. Uma população que não bebe nem usa drogas, que evita cuidadosamente conflitos e que se reúne nos finais de semana em bailes por todo o Rio. É o soul power, fenômeno sociológico dos mais instigantes já registrados no país (FRIAS, 1976).

Apesar do ineditismo, da riqueza de informações e de ser muito bem escrita, a matéria ilustra com precisão o distanciamento dos formadores de opinião do universo das classes populares do Rio de Janeiro, sobretudo dos negros que fugiam dos cânones da democracia racial, das bandeiras político-ideológicas da MPB – música popular brasileira. Só depois de cinco anos de existência, o movimento da Black Rio foi "descoberto" pela grande imprensa e pelos especialistas em música com matérias que tratavam do fenômeno de massa. Dom Filó criticou a jornalista por ter "enlatado" a Black Rio e por não ter ouvido as suas lideranças:

> o que eles fizeram em 76? Em 78 eu caí, a Soul Grand Prix seguiu, eu parei, e a Soul Grand Prix foi seguir o mercado, lançar disco-funk, mas eu não fui, porque a minha questão era ideológica, os outros companheiros, não. Então, em 76, uma irmã nossa, uma jornalista, chegou e compactuou-se com o sistema, e criou uma matéria com várias páginas no *Jornal do Brasil*, chamada "Black Rio", enlatando a Black Rio, aquilo ali foi uma pancada politicamente. [...] se você pesquisar, em nenhum momento as lideranças são ouvidas, eu não apareço em nenhum trecho, foram três páginas, três páginas no jornal, na época o *Jornal do Brasil*.*

A ausência de falas dos articuladores do movimento Black Rio traduz a dimensão do estrago. A matéria sobre cultura popular no principal veículo do país ficou no mínimo incompleta. Entretanto há um dano ainda maior do que o apontado por Dom Filó: o efeito cascata de divulgar e rotular um fenômeno massivo (que disputava o mercado fonográfico com as suas bandeiras de afirmação da negritude), como uma simples cópia dos americanos do norte, e fora dos padrões estéticos do até então "acolhedor" Estado Nacional - pautado no mito das três raças. A escolha do título da matéria colocava a narrativa da autora dentro de um padrão estético da construção da mestiçagem e da coesão de uma identidade nacional: "o orgulho (IMPORTADO) de ser negro no Brasil." Se é importado, de fora, pouco tem a ver com nossa tradição cultural construída em trezentos anos de escravidão. "Nesse contexto, marcado pelos discursos que tratam a mestiçagem como bandeira de nossa brasilidade, sob a justificativa de que os próprios negros também se definem como brasileiros, o mito das três raças se torna exemplar e problemático, pois ele não apenas encobre tensões raciais como faz com que todos se reconheçam como nacionais" (ORTIS, 1985).

O enorme alcance da matéria de Frias fez despertar a ira de nacionalistas à direita e à esquerda que passaram a elevar a sua voz contra o movimento - a união de progressistas e conservadores nos permite dizer que um pensamento dito progressista, de esquerda, pode também trazer muito do conservadorismo existente na sociedade. Ser um militante aguerrido contra a ditadura não confere necessariamente um passaporte diplomático contra os preconceitos da época - de nenhuma época, aliás.

Em uma posição mais conservadora, o pensador de Pernambuco, Gilberto Freyre, autor do clássico *Casa Grande e Senzala*, modernista responsável pela solidificação do mito das três raças na sociedade, publicou em 1977 o artigo, "Atenção, brasileiros!", em que alerta seus compatriotas sobre a presença de negros americanos que querem semear a discórdia racial no país:

> Terão os meus olhos me enganado? Ou realmente li que os Estados Unidos estariam chegando ao Brasil - se é que aqui já não se encontram - vindos da tradicionalmente muito antiga República dos Estados Unidos da América do Norte, americanos de cor encarregados - por quem? - de convencer brasileiros, também de cor, que suas danças e seus cantos afro-brasileiros deveriam ser de "melancolia e de revolta?" E não, como são hoje, modinhas e sambas quase todos alegres e confraternizantes. Se é verdade o que suponho ter lido, trata-se de mais uma tentativa da mesma origem no sentido de introduzir num Brasil crescente, fraternalmente, brasileiramente moreno - o que parece causar inveja à nação também bi ou tri-racial nas suas bases (FREYRE, 1977).

De um polo ideológico teoricamente oposto, o poeta Ferreira Gullar, que acabara de chegar do exílio em 1977, participava do colóquio organizado pelo *Jornal do Brasil* (com mediação de Roberto Pontual), *Visão da Terra em debate*. Ao comentar sobre a Black Rio, Gullar é taxativo em sua análise:

> aí surge o problema do subdesenvolvimento, da psicologia do subdesenvolvimento - fator muito comum. Vejam esse tal de Black Rio. Assisti a uns caras sendo entrevistados na televisão. "Por que você frequenta esse troço?" O sujeito virou e disse: "é o seguinte: eu sou contínuo, trabalho aqui de dia como Manuel; mas lá, de noite, eu sou Mister Brown". Claro que isso é um fenômeno de alta alienação. Do ponto de vista sociológico e psicológico posso compreendê-lo. Mas a verdade é que o cara está buscando identificar-se com alguma coisa que não lhe pertence, que não é ele. Por dentro está se justificando: "eu não sou desse país subdesenvolvido, quero fugir dele. Quero ser Mister Brown" (GULLAR, 1977).

Tanto o sociólogo Gilberto Freyre quanto o poeta Ferreira Gullar, como bons iluministas, são taxativos em suas tentativas de "ensinar" o melhor caminho para os negros brasileiros, acostumados a viver em harmonia (segundo Freyre) e em uma sociedade cujo único mal, ao menos para o poeta Gullar, seria a desigualdade entre as classes sociais. No entanto, o que talvez lhes tenha escapado é que a referência dos negros brasileiros, aviltados em seu cotidiano por um racismo cada vez mais explícito, não era mais o Estado Nacional ancorado no mito das três raças (negros, índios e brancos), mas sim a diáspora africana, refletida conjunturalmente na luta pelos direitos civis dos negros norte-americanos e na luta pela liberdade de vários povos negros oprimidos pelos seus colonizadores.

É relevante destacar, para melhor compreensão da opção de parte dos negros brasileiros por referencial estrangeiro, o conceito de Atlântico Negro, do pensador Paul Gilroy. A expressão foi criada para designar a travessia do oceano pelos navios que traficavam pessoas escravizadas entre a África e as Américas, do século XVI ao XIX. A luta por independência, liberdade e direitos da população negra incluía, na segunda metade do século XX, vários países atlânticos, como Angola, Moçambique, Estados Unidos, Brasil. Paul Gilroy destaca a noção de constante fluxo de informações culturais entre os povos da diáspora negra e a reconhecida importância social da música e da dança para os atores sociais sem chance de se relacionar com outras formas de manifestação artística que exigisse conhecimento erudito. A ênfase no conceito transnacional de Gilroy (2012) cria as condições para o entendimento de uma cultura negra dotada de traços comuns e experiências distintas, mas passíveis de consideração dentro da mesma lógica: "sob a ideia-chave da diáspora nós poderemos então ver não a raça, e sim formas geopolíticas e geoculturais de vida que são resultantes da interação entre sistemas comunicativos e contextos que elas não só incorporam, mas também modificam e transcendem".

O antropólogo jamaicano Stuart Hall se debruça sobre as expressões culturais negras como um território contraditório na conjuntura pós-Segunda Guerra Mundial, indicando transformações relevantes na produção de cultura popular no mundo. Hall aponta alguns fatores decisivos nesse cenário: o deslocamento do eixo cultural da Europa para os Estados Unidos, impulsionando o país a assumir a posição de superpotência mundial e a produzir mais cultura para o mundo, e a descolonização, a independência dos países africanos e asiáticos, que leva ao aumento da importância das lutas pelos direitos civis e a valorização dos elementos culturais negros "originais" (LIMA, 2018).

O historiador Carlos Eduardo de Freitas Lima (2018) define o que é ser black no Brasil a partir das observações de Gilroy e Hall:

> A partir disso, ser black poderia significar algo diferente de ser negro ou mestiço. As músicas, as roupas, os penteados, toda a indumentária dos participantes dos bailes, que tinha como modelo inspirador as informações vindas dos EUA, adquirem um *status* novo, contrariando a ideia de que o Brasil seria totalmente diferente, sobretudo por uma crença na suposta harmonia nas relações raciais. Esse modelo de ação negra, por ser "importado" de um país que se caracterizava pela discriminação racial aberta e ostensiva, seria então "inadequado" para a realidade brasileira vista sob a perspectiva da classe média branca, defensora do ideal de miscigenação e paz, fruto de uma sociedade sem segregação... Uma cidade e uma paisagem musical segregadas colocavam um "perigo" direto à identidade mestiça do Rio (e, por extensão, do Brasil).

Mas a crítica ao movimento Black Rio veio de todos os lados. No próprio âmbito da música popular, havia artistas que ajudaram na construção da imagem do movimento como alienado e extemporâneo à realidade brasileira. Na esteira das críticas, o universo do samba foi o que tencionou mais de perto os cenários blacks.

Surgiu, na segunda metade da década de 1970, um desencanto de parte dos sambistas e formadores de opinião - jornalistas, radialistas, intelectuais, professores - com o rumo que as escolas de samba haviam tomado na "destruição" de suas "raízes", de suas "tradições", de sua "autenticidade": compositores das Velhas Guardas eram excluídos dos novos espaços de sociabilidade das escolas; pessoas externas ao "mundo do samba" eram acusadas de influenciar negativamente as agremiações; o povo era alijado dos desfiles e dos ensaios em detrimento dos "foliões turistas", capitalizados para pagar o alto preço dos ingressos. A insatisfação unia gerações, como Paulinho da Viola e Monarco, Nelson Sargento e Beth Carvalho. Eram sambistas que tinham uma forte ligação com setores da classe média intelectualizada.

É nesse contexto que surge a ideia do portelense Candeia de criar, ao lado de inúmeros outros compositores, o Grêmio Recreativo de Arte Negra e Escola de Samba Quilombo. Estavam na empreitada nomes famosos do samba, como Paulinho da Viola, Elton Medeiros, Dona Ivone Lara, Wilson Moreira, Nei Lopes, Ismael Silva. Seus fundadores tinha um objetivo: preservar as escolas de samba como lugar de memória das gerações passadas, da nossa afrodescendência, de todo o legado de ex-escravizados e filhos de escravizados que construíram o samba. O manifesto da Quilombo era claro: "Estou chegando... Venho com fé. Respeito mitos e tradições. Trago um canto negro. Busco a liberdade. Não admito moldes. As forças contrárias são muitas. Não faz mal. Meus pés estão no chão. Tenho certeza da vitória. Minhas portas estão abertas. Entre com cuidado. Aqui, todos podem colaborar. Ninguém pode imperar..."[2]

Antônio Candeia Filho nasceu em Oswaldo Cruz, no dia 17 de agosto de 1935, no mesmo ano em que a sua querida Portela conquistou seu primeiro título. Seu pai era tipógrafo e integrante de comissões de frente da Portela e conhecido como exímio flautista dos fundos de quintais suburbanos, onde organizava feijoadas e rodas de samba nos seus aniversários. Adolescente, Candeia aprendeu a jogar capoeira, a admirar a religiosidade afro e a tocar cavaquinho e violão. Em 1953, compôs o seu primeiro samba de enredo, "Seis datas magnas", em parceria com Altair Marinho. Na sequência, vieram outras pérolas do gênero. No começo dos anos de 1960, já policial, levou um tiro que o deixou na cadeira de rodas. A defesa do "verdadeiro samba" foi o alimento principal do compositor após se tornar cadeirante. Candeia virou uma referência na defesa das tradições afro-brasileiras com a Fundação do Grêmio Recreativo de Arte Negra Escola de Samba Quilombo, em 1975. Virou um dos sambistas mais entrevistados da década, um ícone do "samba de raiz",[3] expressão que começou a designar as composições dos sambistas de morro e de todos os outros sambistas que bebiam na fonte das "velhas guardas" – em

2_O manifesto na íntegra pode ser visto em CANDEIA & ISNARD, *Escola de samba, árvore que esqueceu a raiz*, Rio de Janeiro: Editora Lidador/SEEC-RJ, 1978.

3_O pesquisador, escritor e compositor Nei Lopes prefere contextualizar o surgimento do termo samba de raiz na década de 90: "Denominação surgida na década de 1990 para distinguir a produção de veteranos sambistas não prestigiados pelas grandes gravadoras da forma imposta pela indústria fonográfica como pagode." N. Lopes, *Sambeabá, o samba que não se aprende na escola*, Rio de Janeiro: Casa da Palavra/Folha Seca, 2003, p. 21.

realidade, sem entrar na polêmica da autenticidade do samba ou da sua pureza africana, argumentos que não se sustentam do ponto de vista antropológico, o termo samba de raiz é muito mais uma bandeira político-identitária do que qualquer outra coisa. E, com essa bandeira, Candeia iria inflamar as tensões entre os sambistas e os blacks na sua obra "Sou mais o samba", interpretada por ele e por Dona Ivone Lara. A música foi registrada no LP *Quatro Grandes do Samba*, gravado em 1977, por Nelson Cavaquinho, Elton Medeiros, Guilherme de Brito e Candeia. O disco, assim como os outros trabalhos de Candeia, mostra uma gravação espontânea, ao estilo roda de samba:

> Eu não sou africano, eu não
> Nem norte-americano!
> Ao som da viola e pandeiro
> Sou mais o samba brasileiro!...
>
> Este som que vem de fora
> Não me apavora nem rock nem rumba
> Pra acabar com o tal de soul
> Basta um pouco de macumba!
> Eu não sou africano!...
>
> Calma, calma, minha gente
> Pra que tanto bambambam
> Pois os blacks de hoje em dia
> São os sambistas de amanhã!
> Eu não sou africano!

O videoclipe da música fora lançado no programa *Fantástico*, da Rede Globo, com Candeia, Dona Ivone Lara e Clementina de Jesus, em uma reportagem que destacava o conflito entre o samba de raiz e a música black. Imagina a repercussão da matéria pelo país? A letra de Candeia é um libelo popular do pensamento modernista, orientando os jovens blacks, sem "juízo", a ter "calma", "harmonia", pois quando colocarem a mão na consciência, serão "os sambistas de amanhã!" O refrão do samba desqualifica a busca de uma identidade musical fora do Brasil, descartando os referenciais dos americanos do norte e da própria África. Candeia apostava na tradição afro-brasileira como fonte legítima da pureza do samba. Aliás, diz a letra: "Para acabar com o tal do soul/Basta um pouco de macumba!..."

Outro sambista animado com a fundação da Escola de Samba Quilombo foi o compositor Martinho da Vila, destaque na década de 1970, na indústria fonográfica, com seus partidos altos readaptados para a área urbana. Martinho não poupou o Movimento Black Rio de suas críticas. Na música "Oi, compadre", um dançante partido, o compositor segue a linha de Candeia dizendo que tem gente, os blacks, de "mente alienada/ e nego pisando na bola [...] atrás de um som inocente/ tem um fraque e um cartola." A solução para evitar sair dos trilhos, deixar de imitar os "outros" é cantar "samba dos quilombos, quilombeta e quilombola", meter "o dedo na viola" e "calanguear no quilombo", mergulhando na tradição afro-brasileira como propunha o manifesto da nova escola de samba de Candeia.

ABDIAS NASCIMENTO

Ele é simplesmente o único brasileiro citado na famosa *Africana: the Encyclopedia of the African and African American Experiense*, uma enciclopédia sobre a África, suas civilizações e a diáspora africana, organizada por Kwame Anthony Appiah e Henry Louis Gates Jr. Abdias nasceu numa família operária, em março de 1914, na cidade de Franca, São Paulo. Ainda criança começou a trabalhar para ajudar a família, mas, apesar dos obstáculos, se formou em economia pela Universidade do Rio de Janeiro. Em 1929, Abdias (nome bíblico de um profeta anterior a Cristo) seguiu rumo à capital paulista, onde se alistou no Exército e teve seu primeiro contato efetivo com a militância. Na década de 1930, o jovem participou ativamente da Frente Negra Brasileira e foi um dos organizadores do Congresso Afro-Campineiro, que discutia pautas sobre a discriminação racial. Além da luta racial, protestou contra o regime do Estado Novo, ficando detido por dois anos na extinta penitenciária do Carandiru. Após ser solto, Abdias fundou o Teatro Experimental Negro (TEN) quebrando barreiras existentes no teatro brasileiro. Mais do que uma companhia de teatro, o TEN foi uma das primeiras experiências de conscientização e luta pela cidadania dos descendentes de africanos no Brasil. Foi ainda um dos responsáveis pela criação do jornal Quilombo e estruturação do Museu de Arte Negra considerado um núcleo irradiador de conhecimento voltado para a estética afro-brasileira. Durante uma visita aos EUA, a fim de aprender mais sobre o movimento negro americano, foi proibido de retornar ao Brasil, ficando exilado por 13 anos, tempo que desenvolveu suas obras como artista visual. Quando retornou ao Brasil, em 1981, uniu a militância com a vida política, e mais tarde tornou-se o primeiro senador - suplente de Darcy Ribeiro - afrodescendente a lutar pelos direitos civis e melhores condições de vida dos negros no Brasil. Além de ter sido, durante muito tempo, a mais longeva liderança negra em atividade no Brasil, Abdias foi ator, autor teatral, poeta e artista plástico.

O historiador Jorge Ramos Tinhorão (1977), autor de uma obra enciclopédica sobre a música popular brasileira, escreveu na sua conhecida coluna, Música Popular, no *Jornal do Brasil*, sobre o LP *Os Quatro Grandes do Samba* e, em especial, a música "Sou mais o samba", ressaltando a força criativa do povo brasileiro e, claro, a crítica de Candeia ao "estrangeirismo" dos blacks:

> Uma prova dessa força de criação que vem de baixo - e que parece germinar sob a injustiça socioeconômica como o vigor das mandiocas, para alimentar um povo que não se entrega - pode ser encontrada no recente LP da RCA Victor *Quatro Grandes do Samba*, que reúne alguns dos maiores artistas das camadas populares cariocas: Nelson Cavaquinho, Candeia, Guilherme de Brito e Elton Medeiros (e mais dona Ivone Lara, que entra no disco como quem bota o pé na porta, para não ficar de fora). Não é preciso dizer que, quer com música, quer com poesia, o que se ouve no disco *Quatro Grandes do Samba* é não apenas criação artística de primeira água, mas demonstração de força lírica, de otimismo apesar de tudo, de coragem de viver, de bom humor diante da adversidade da vida. Sem deixar de incluir também suas mensagens através de composições como

> [...] "Sou mais o samba", em que Candeia e Dona Ivone Lara se revoltam contra a invasão estrangeira nos redutos do povo.

O divertido e erudito Tinhorão era um nacionalista com um verniz intelectual pautado no marxismo mecanicista, um "folclorista urbano" que criticava todo o legado musical pós-bossa nova e teve inúmeros embates com críticos e artistas da MPB (música popular brasileira). Daí podemos supor qual era a sua opinião sobre um movimento musical transnacional, referendado nas lutas por direitos civis dos negros norte-americanos.

Em outro texto assinado e publicado no *Jornal do Brasil*, "Protesto 'black' é fonte de renda 'white'", Tinhorão voltou a falar da alienação do movimento. Botou na berlinda dois lançamentos da WEA, os LPs *Maria Fumaça*, da Banda Black Rio, e *Vou Recordar*, de Carlos Dafé. Tinhorão argumentava que os dois trabalhos são resultado da dominação e exploração estrangeira (no caso realizada pela indústria fonográfica dos EUA) dos negros brasileiros, encantados com o modo de vida do negro americano, sobretudo no campo do consumo. Sob um viés estritamente econômico, Tinhorão reduz os discos da Banda Black Rio e do compositor e cantor Carlos Dafé, assim como de todo o movimento black, a uma questão de divisão internacional do trabalho, de dominador e dominado, de colonizador e colonizado:

> o que se conclui é que o grande desejo dos brasileiros de pele negra das grandes cidades (ao menos do Rio de Janeiro e de São Paulo, onde o movimento black já existe) é parecer o mais possível com os negros norte-americanos. Isto é, deixarem de ser trabalhadores explorados num contexto subdesenvolvido, para se tornarem a imagem de trabalhadores explorados num contexto superdesenvolvido.[4]

Com uma análise menos mecanicista e mais focada na questão cultural e na luta por direitos e dignidade da população negra, Tinhorão perceberia que o caminho traçado pelos blacks nacionais não era somente referendado nos Estados Unidos da América, mas no panorama internacional que "estimulava a luta contra a discriminação de cor

4_*Jornal do Brasil*, "Caderno B", pag. 2, Rio de Janeiro, 14 de junho de 1977.

e a segregação. No Brasil, militantes negros apoiavam a independência dos países de língua portuguesa: Cabo Verde, São Tomé e Príncipe, Guiné Bissau, Angola, Moçambique, nas guerras anticoloniais. Uniam vozes às dos militantes estadunidenses nas denúncias dos massacres de colonizadores na Rodésia e Namíbia; manifestavam-se contra o apartheid na África do Sul; e acompanhavam o ativismo estadunidense, que havia derrubado barreiras segregacionistas e enfrentado a discriminação racial de modo mais radical, como as investidas das brigadas dos Black Panthers (os Panteras Negras) e o nacionalismo negro de Al Hajj Malik Al-Shabazz (Malcolm X), ou as de caráter mais pacífico como a liderança de Martin Luther King" (OLIVEIRA, 2016).

No jornal *O Pasquim*, um tabloide alternativo contra a ditadura que reunia a fina flor da bem-humorada *intelligentsia* de esquerda carioca - fundado pelos jornalistas Tarso de Castro, Sérgio Cabral e Carlos Prósperi e pelos cartunistas Claudius Ceccon e Jaguar, em 1969 -, o jornalista Roberto M. Moura, jurado de escolas de samba e habitué das rodas da cidade, produz um artigo feroz contra os blacks, na mesma linha de raciocínio de José Ramos Tinhorão: "se trata de uma insidiosa campanha publicitária, neocolonialista, que visa apenas criar o sujeito que vai consumir o excedente de uma produção de fora daqui. [...] Fica claro que este agrupamento social não está pensando; está sendo pensado. De fora para dentro. Se de repente vier uma ordem concitando a um outro tipo de roupa, ele tira a jaqueta e descalça o pisante" (MOURA, 1977).

O interessante nos argumentos dos articulistas acima é que eles nem ao menos se deram ao trabalho de conhecer de perto um baile da Black Rio. Seus julgamentos surgiam mais de preconceitos do que de uma realidade compartilhada. A opinião do antropólogo Peter Fry (1982) apresenta outras camadas de complexidade em comparação às abordagens de Tinhorão e Moura, focadas somente no viés "consumista" e "dependente culturalmente" do mercado internacional: "A proliferação de bailes afro-soul em São Paulo e no Rio é um exemplo de situações em que os brasileiros negros criam novos símbolos de etnia, de acordo com sua experiência social. Embora algumas pessoas acreditem que esses fenômenos são exemplos de 'dependência cultural', ou da capacidade das multinacionais de vender os produtos que bem entendem, não tenho dúvida de que, apesar de tudo, eles representam um movimento de grande importância no processo da identidade no Brasil."

O produtor André Midani defende o movimento ao levantar a questão da liberdade de escolha da comunidade negra em se autogerir sem o patrulhamento ideológico de uma elite branca: "Quando o pobre do negro brasileiro tem a felicidade de sair da favela para fazer outra coisa que não sambar, depara-se com uma imprensa branca que o acusa de estar perdendo sua negritude e lhe diz que ele tem que continuar fazendo samba. É bonito, mas isso equivale a dizer: fica na tua favela, vive na tua favela e morre na tua favela. Por que recusam a ele a possibilidade de existir em outra estrutura, ou se lançar em outra manifestação cultural que não as conhecidas?" (PEIXOTO; SEBADELHE, 2016).

Dom Filó, com a autoridade de ativista do movimento negro, dirigente do Renascença Clube e um dos pais dos bailes da Black Rio, mostra sua indignação com os críticos brancos por tentarem enquadrar o movimento dentro dos seus desejos e projetos políticos:

> Por que se aceita com toda a naturalidade que a juventude da Zona Sul se vista de jeans, dance o rock, frequente discoteca e cultue Mick Jagger, enquanto o negro da Zona Norte não pode se vestir colorido, dançar o soul e cultuar James Brown? Por que o negro tem que ser o último reduto da nacionalidade ou da pureza musical brasileira? Não será uma reação contra o fato de ele haver abandonado o morro? Contra uma eventual competição do mercado de trabalho? Por que o negro da Zona Norte deve aceitar que o branco da Zona Sul (ou Zona Norte) venha lhe dizer o que é autêntico e próprio ao negro brasileiro? Afinal, nós que somos negros brasileiros nunca nos interessamos em fixar o que é autêntico e próprio ao branco brasileiro (PEIXOTO; SEBADELHE, 2016).

Na realidade, circulava no meio dos blacks um sentimento de que o samba fora apropriado pelas elites e outros segmentos da população, o que teria determinado o seu processo de "embranquecimento." No fundo, a construção cultural do "samba de raiz" servia de plataforma para progressistas e conservadores "atacarem" a cena black. Os primeiros consideravam o gênero a fonte de uma genuína cultura brasileira, enquanto os segundos, incluindo aí os militares e seus apoiadores, consideravam-no uma expressão da "estabilidade social brasileira"

(ALBERTO, 2009). Às críticas de Tinhorão e Moura uniam-se, com raras exceções, os adeptos da sigla MPB, música popular brasileira. Ana Maria Bahiana (1980), uma das jornalistas musicais mais respeitadas da época, caracterizou o círculo vicioso entre artista e crítica:

> A visão do veio principal da música, no Brasil, é, necessariamente, visão das universidades - ainda mais que a crítica constante, em profundidade, surgida em meados dos anos 60 é, também, de extração universitária. Isso significa, em última análise, que o circuito se fecha de modo perfeito: a música sai da classe média, é orientada pela classe média e por ela é consumida.

A MPB virou uma instituição cultural, balizando os formadores de opinião dentro de seus cânones políticos e ideológicos. Com uma utopia modernizante e reformista, a MPB desejava atualizar o Brasil como nação perante a cultura ocidental. O historiador Marcos Napolitano (2002), um especialista na trajetória da sigla, resume a sua importância:

> Por volta de 1978, a MPB, compreendida em todas as sua variáveis estilísticas e esferas de influência social, era o setor mais dinâmico da indústria fonográfica brasileira, ao mesmo tempo que readquiria sua vitalidade como "instituição" sociocultural e seu caráter aglutinador dos sentimentos da oposição civil... Ao mesmo tempo, sua penetração em faixas de públicos mais amplas, fora dos extratos mais intelectualizados e exclusivamente universitários da classe média alta, desempenhou um importante papel na "educação sentimental" e política de uma geração inteira de jovens, principalmente: a chamada geração do AI-5.

O "samba de raiz" defendido por Candeia e por tantos outros era um dos elementos na formatação do conceito de MPB. Em um estudo à época inovador, o historiador Paulo Cesar de Araújo (2002) pesquisou a chamada "música cafona" nos anos 1970. Mostrou que seus autores, muitos populares até hoje, foram perseguidos pela ditadura civil-militar-empresarial tanto quanto seus companheiros de profissão mais renomados da MPB. Suas letras abordavam temas tabus na sociedade, como sexo, droga, homossexualismo e prostituição. Em um determinado momento, o autor questiona-se por que esses artistas "bregas" ficaram fora da narrativa "oficial" da música brasileira, assim como das instituições de memória da música popular brasileira. A conclusão de Araújo é que as produções musicais que não estavam inseridas no universo da tradição (samba e choro) nem da modernidade (bossa-nova e tropicalismo) eram taxadas pejorativamente de bregas, de cafonas, já que não se encaixavam na matéria-prima da MPB. Guardadas as devidas proporções, há um ponto em comum entre a chamada música brega e o movimento tema deste livro que é justamente esse afastamento das narrativas que constroem a memória musical do país, por não se enquadrarem na MPB. É mais ou menos o que o arguto historiador Marcos Napolitano (2001) chamou de hierarquização do gosto, o que era bom e o que era ruim na música; quem ficava fora do bom gosto era "cooptado" pela indústria cultural (Black Rio e música brega); quem estava dentro do bom gosto era "resistência (choro, samba, bossa nova, tropicalismo)."

De fato, a tendência de definir o dito mau gosto musical como uma consequência da influência estrangeira e da massificação da música no mercado é longeva na cultura republicana. Aconteceu o mesmo com o maestro Pixinguinha quando voltou de Paris, com o grupo Os Batutas, em 1922. Já havia na década uma incipiente crítica inspirada nos ares do movimento modernismo, na defesa das "coisas nossas", "muito nossas", como dizia o compositor Noel Rosa. Pois bem, Pixinguinha, ao compor os choros "Lamento" e "Carinhoso", ambos em duas partes, saindo da tradicional forma rondó, em três partes, foi taxado de sofrer influência do jazz na Cidade luz. Fato semelhante ocorreu com a cantora Carmen Miranda, ao realizar uma apresentação no Cassino da Urca, de volta de uma turnê nos Estados Unidos, e ser acusada de americanizada, em 1940. A própria bossa nova, um dos pilares da MPB, sofreu críticas implacáveis de nacionalistas defensores de um samba autêntico, "brasileiríssimo", sem a influência do jazz! Podemos ainda ampliar o leque: e a passeata organizada por significativos membros da classe artística, nos anos 1960, contra a guitarra elétrica, vista como um instrumento externo às nossas tradições musicais e símbolo do rock massificado? Em tempo: na emblemática foto da passeata, vemos alguns tropicalistas, como Gilberto Gil, cabeça de um movimento que buscou, no final dos anos 1960, bagunçar o cenário cultural brasileiro ao incorporar e deglutir todos os estilos e gostos, como a "cultura brega", o rock, a cultura popular, a música erudita. Será que Gil já pensava em tocar com uma banda como Black Rio, fato que ocorreria quase dez anos depois, ou fazer uns solos de guitarra dos choros de Pixinguinha com arranjos do maestro Rogério Duprat? - são algumas das dúvidas que ficam, embora o próprio Gil já tenha dito que entrou de gaiato naquela passeata, muito mais por admirar Elis do que por ter qualquer coisa contra a guitarra.

Por estar fora da tradição e da modernidade, os registros da Black Rio em "instituições de memória", museus, arquivos, programas de televisão e rádios e no mundo acadêmico é mínimo diante da grandiosidade do seu legado como um fenômeno de massa - mesmo levando em consideração o aumento das pesquisas proporcionado por uma conjuntura de políticas públicas valorativas da herança afro-brasileira no começo do século XXI. Esse silenciamento foi menos danoso para aqueles compositores que, digamos, namoravam com a MPB, com o universo pop, com uma "autenticidade" que não era só negra norte-americana, mas também mestiça, afro-brasileira, próxima dos ritmos incorporados na sigla. Casos como os de Tim Maia e Jorge Ben Jor, ambos fundadores da black music, que acabaram entrando no panteão da MPB. A professora de antropologia Santuza Cambraia Naves (2010) resume a origem do tensionamento do movimento black com a tradição modernista:

> Foi a partir dessa discussão que os fundamentos modernistas da crítica musical perderam a sua hegemonia. E passaram a concorrer com uma proposta cultural que fortalecia o elemento negro e, em muitos casos, negava o postulado da miscigenação. E foi também a partir daí que os termos entre "autenticidade" e "nacional" passaram a ser ressignificados. Na medida em que as chamadas minorias negras passam estrategicamente a investir num conceito de nação que não se confunde com o Estado-nação, mas com populações negras e periféricas que habitam territórios localizados no Brasil e em outras regiões do planeta, ser "autêntico" passou a significar assumir a identidade negra.

Esses tensionamentos ajudaram a isolar a Black Rio, incluindo aqueles que se mobilizavam em instituições para lutar contra a ditadura civil-militar-empresarial na defesa da democracia e dos direitos da população negra. A questão da opção pela música "estrangeira", da adesão à defesa do orgulho negro "importado", da escolha de uma estética distinta da adotada pela maioria dos negros brasileiros irritou alguns intelectuais, jornalistas e até militantes negros que qualificaram essas escolhas como resultado de uma alienação dos artistas, proprietários de equipes de som, e dos participantes da cena, uma ausência de consciência e, talvez, a presença de uma ideologia tão importada quanto a música ouvida naqueles encontros (LIMA, 2018).

Dom Filó descreve como o movimento negro entrou em campo, no Renascença, e a conflituosa relação dos blacks com o samba:

> O Renascença Clube se torna referência e foco político. E quem está botando esse papo de identidade negra na cabeça dessa galera? E nisso, o movimento negro, que por sua vez, tinha determinada desconfiança com a polícia, ele passa a se integrar com o soul a partir do Renascença Clube. Por que isso? Porque a gente conseguia juntar duas ou três mil pessoas e dar uma mensagem. Só que, em paralelo, tinha o pessoal do samba, né? Mal-informado, começa a achar: "Ih! Macaco de imitação, esses caras aí estão saindo do samba para montar negócio de black e não sei o quê!"*

Frequentar a Mangueira, a Portela, o Império Serrano, o universo do samba e do Carnaval era uma zona de conforto para intelectuais, jornalistas e alguns militantes negros que classificam o movimento Black Rio como alienado, colonizado, cooptado pela indústria cultural. Porém, importantes nomes do ativismo negro encontraram nos bailes black uma inspiração para participar com mais intensidade na luta por uma sociedade mais justa e igualitária - lembrando sempre que o movimento Black Rio se caracterizou por tensões e diferentes propósitos, não havia uma coesão nas narrativas políticas. Para Dom Filó,

> a Noite do Shaft surge como um diferencial. Era tudo pra frente, era comunicação, tinha uma projeção muito forte. E aquela projeção [refere-se a slides com imagens de personalidades da cultura negra e das próprias pessoas que frequentavam o baile] é que deu a identidade ao público, que se via naqueles slides

que eram projetados e, por sua vez, o movimento negro que se reunia nas suas bases, por exemplo, na Universidade Candido Mendes, na Zona Sul, tinha lá o núcleo discutindo a questão racial, e essa galera ia para o samba da Mangueira, e foi no samba da Mangueira que nós convidamos a galera para ir ao Renascença, que foi o caso do Carlos Alberto Medeiros. Ninguém tinha ideia do que a música podia fazer enquanto forma de aglutinar. *

O escritor, jornalista e tradutor Carlos Alberto Medeiros, uma referência do ativismo negro, sempre lembra em suas entrevistas que era um frequentador contumaz dos bailes black no Renascença. Tempos depois, Medeiros seria um dos fundadores do Instituto de Pesquisas das Culturas Negras, o IPCN. As festas black expressavam uma política de identidades que influenciou diretamente a formação de militantes negros. Carlos Alberto Medeiros (PEIXOTO; SEBEDELHE, 2016) comenta:

> É o que nos revela o livro *Lideranças negras*, de Marcia Contins: a maioria das pessoas por ela entrevistadas na qualidade de lideranças do Movimento Negro afirma ter tido nos bailes black uma experiência fundamental do ponto de vista da constituição de sua identidade. É o que também pude constatar pessoalmente quando entrevistei os fundadores dos blocos afro Ilê-Aiyê e Olodum, como Antônio Carlos Vovô e Edu Omô Oguiam, os quais me confirmaram, como afirma Antônio Risério em Carnaval ijexá, que os bailes de soul estão na origem dessas organizações: "Nós dançávamos o brown", confirmou Vovô numa entrevista informal.

Outro ativista do movimento negro do período, Arcélio Ferreira, tributava a sua militância ao contato com a Black Rio. Arcélio era um exímio dançarino, vencedor de vários concursos promovidos pelas equipes de som: "o soul teve uma importância para o crescimento e organização do movimento negro dos anos de 1970 até os dias atuais."[5]

5_Entrevista retirada do excelente trabalho de I. A. Oliveira, *Black Soul e Samba de Raiz, convergências e divergências do movimento negro no Rio de Janeiro* (1975-1985), dissertação de mestrado, Programa de Pós-Graduação em Memória Social, da Universidade Federal do Estado do Rio de Janeiro, 2014, edição Kindle, posição 752.

Para a atriz Zezé Motta, os bailes black aceleraram o "despertar" de uma consciência negra na sociedade: "Portanto, a minha memória da época que vieram os blacks cariocas é muito grata. Porque, em todo o processo de conscientização do negro na sociedade, foi o Movimento Black Rio que nos trouxe um resultado mais rápido, e com muita força, daí a grande importância dessa manifestação." Sua casa virou "uma república negra".

> Foi quando conheci a socióloga Lélia Gonzalez, e frequentava os seus cursos sobre questões afro-brasileiras no Parque Lage. Com o sucesso de *Xica da Silva*, dava diversas entrevistas por dia para jornais e revistas do mundo inteiro e percebi a minha responsabilidade de pensar e expressar os temas raciais. A Lélia me ajudou muito nesse sentido. Já na aula inaugural ela disse: "Eu sei por que vocês estão aqui, mas não temos mais tempo para lamúrias. Temos que arregaçar as mangas e virar esse jogo." Isso foi definitivo na minha vida. Depois das reuniões e dos cursos, as discussões continuavam lá em casa, e eu acolhia gente de todos os lugares, durante seminários e congressos. A socióloga Beatriz Nascimento, o João Jorge, fundador do Olodum, o fotógrafo Januário Garcia, pensadores estrangeiros, minha casa era um espaço aberto para a discussão racial. Tudo isso, associado à força do Movimento Black Rio, me fariam criar, anos mais tarde, uma associação de cultura negra, a CIDAN (Centro de Informação e Documentação do Artista Negro) (PEIXOTO; SEBADELHE, 2016).

LÉLIA GONZALEZ

Intelectual negra que denunciou o racismo e o sexismo como discursos violentos contra as mulheres negras. Nascida em 1935, em Belo Horizonte, Lélia se formou no Rio, na atual UERJ, outrora Universidade Estadual da Guanabara, em história e filosofia. Ministrou aula no ensino médio e em universidades durante 30 anos, como a Escola de Artes Visuais do Parque Lage, onde lecionava o Curso de Cultura Negra, e a Universidade Federal do Rio de Janeiro. Lélia propunha um conceito de cultura plural e o conhecimento como ferramenta política na conscientização da sociedade. Nesse sentido, foi uma das pioneiras ao inserir em suas práticas docentes conteúdos sobre a contribuição africana na formação histórica e cultural brasileira, incorporando ao currículo aulas práticas de dança afro-brasileira, capoeira e estudos sobre as religiões de matriz africana.

Impulsionada por suas vivências, escreveu importantes obras como *Lugar de Negro* e *Por um feminismo afro-latino-americano*. Lélia ainda ajudou a fundar instituições como o Movimento Negro Unificado, o coletivo de Mulheres Negras N´Zinga e o Olodum. Após sua precoce morte aos 59 anos, Lélia recebeu diversas homenagens e hoje dá nome ao Prêmio criado pelo Estado da Bahia que estimula políticas públicas voltadas para as mulheres.

A década de 1970 foi um marco na luta do movimento negro no Brasil: o aumento do debate sobre a situação do negro em nossa sociedade proporcionou o surgimento de várias instituições com o objetivo de valorar a cultura negra e de criar instrumentos mais sólidos para a luta contra a desigualdade étnica. Seus membros eram representantes de uma classe média negra, uma "elite intelectual", que conseguiu furar o bloqueio imposto aos negros desde a abolição da escravidão, e ter acesso à educação formal - inimaginável para a maioria da população negra. Essas instituições são as responsáveis pelas recentes conquistas do movimento negro, como a criminalização do racismo, Lei 7716, a inserção da história das culturas africanas e afro-brasileiras no calendário escolar, Lei 10.639, e as políticas afirmativas: Fundação do Grupo de Palmares de Porto Alegre, ao qual devemos a ideia de comemorar o 20 de novembro como dia "da Consciência Negra", o Centro de Estudos Afro-asiáticos (CEAA), a Sociedade de Intercâmbio Brasil-África (SINBA), o Movimento Negro Unificado (MNU), o Instituto de Pesquisas das Culturas Negras (IPCN), entre outras instituições.

Tanto a Black Rio como o Samba de Raiz eram caminhos possíveis para o ativismo negro no período da ditadura. Vivia-se sob a égide do AI-5 (Ato Institucional). A repressão era brutal aos opositores do regime. A perseguição a sindicatos, associações, partidos políticos, movimento estudantil deixava pouca margem de manobra para as reivindicações contra o regime de exceção. A cultura passou a ser o palco de posicionamentos políticos, ideológicos e de afirmação da cultura negra. No cerne do movimento negro, os referenciais iam da África Tribal, exemplificado no bloco do Ilê Aiyê, na Bahia, com pouca influência no Rio, passando pela inspiração nas lutas dos direitos civis norte-americanos, caso da Black Rio, e a valorização da cultura afro-brasileira, caso da fundação do Grêmio Recreativo de Arte Negra e Escola de Samba Quilombo.[6]

O governo militar tinha consciência do potencial da cultura nos movimentos sociais e acompanhava de perto o processo de descolonização da África e a luta dos negros pelos direitos civis nos Estados Unidos. Por isso, houve um investimento na propaganda em defesa da democracia racial e na valorização das origens africanas da "cultura brasileira". O incentivo a uma cultura afinada com a "tradição" e os valores "brasileiros", como a Campanha de Defesa do Folclore Brasileiro, era uma forma de rotular e excluir uma produção cultural vista à época como subversiva. Para organizar e controlar a fluidez da produção cultural no âmbito nacional, o governo implantou o Conselho Nacional de Direito Autoral (CNDA), o Conselho Nacional de Cinema (Concine), reformulou a Empresa Brasileira de Filmes (Embrafilme), expandiu o Serviço Nacional de Teatro (SNT) e criou a Fundação Nacional de Arte (Funarte). No campo da comunicação, surge, em 1965, a Embratel, e em 1967, o Ministério das Comunicações, resultando em vultosos gastos do governo na implantação de fibras óticas, criando as condições para a construção das redes nacionais de TV. A política de integração nacional dos militares tem na expansão e democratização do acesso à televisão, através da universalização do crédito e de ascensão de uma nova classe média, uma de suas principais estratégias na indústria do entretenimento (MATTOS, 2001).

As tensões entre blacks e sambistas, sob um ponto de vista, eram até esperadas: ambos foram liderados por negros, de subúrbio e periferia, que partilhavam o mesmo território. Como falar, por exemplo, do movimento black sem citar a quadra das escolas de samba? Era lá

6_Argumento desenvolvido pela historiadora Gabriela Buscácio em sua bela dissertação de mestrado sobre Candeia. Ver: G. C. Buscácio, "A chama não se apagou": Candeia e a Gran Quilombo, movimentos negros e escolas de samba nos anos 70. Dissertação de Mestrado, Programa de Pós-Graduação em História, Instituto de Ciências Humanas e Filosofia da Universidade Federal Fluminense, 2005.

que aconteciam os principais bailes, e muitas dançarinas e dançarinos de soul eram também passistas de escola. Tensões e aproximações são faces da mesma moeda. Segundo DJ Carlinhos Marambaia, o que existia na realidade era "uma briga por espaço". "É, isso aí na época deu uma confusão danada, porque o pessoal das escolas de samba não gostava da gente. Porque os nossos bailes de soul estavam tirando muita gente da escola. Aí começou uma guerra danada sobre isso."* Segundo o poeta e militante do movimento negro, antigo componente da Grêmio Recreativo de Arte Negra e Escola de Samba Quilombo, Deley de Acari, em entrevista concedida à historiadora Gabriela Buscácio (2005), um dos motivos que levaram o compositor Candeia a romper com a Portela foi a liberação de sua quadra, feita pelo presidente Carlinhos Maracanã, para os bailes black. A narrativa de Deley foi comprovada na quadra do Grêmio Recreativo de Arte Negra e Escola de Samba Quilombo, como conta a leitora Rosa Nascimento, na coluna "Cartas" do *Jornal do Brasil* (22 de julho de 1977), colocando mais lenha no fogo da polêmica:

> No dia 18 desse mês, o Grêmio Recreativo de Artes Negras Quilombo ofereceu em sua quadra de ensaio um espetáculo cuja finalidade era dar início a uma série de apresentações de "Festas Populares". Entre os convidados estava a Banda Black Rio que, entretanto, foi impedida de tocar pelos dirigentes da agremiação que, segundo sua diretoria, tem por objetivo preservar e divulgar as origens das manifestações artísticas populares. Pergunta-se o que entendem eles por "origens artísticas populares? O fato de que a banda Black Rio tenha sido impedida de apresentar-se sugere [...] a incapacidade dos mesmos diretores de identificar um bom trabalho de um grupo de jovens que promete renovar os valores tradicionais da chamada "cultura negra."

A leitora levanta o velho debate da autenticidade, da pureza da cultura popular que não se mistura com nada, nasce *in natura* e assim tem que ficar. O samba é o maior exemplo da precariedade desses argumentos românticos. Constituído com os elementos da cultura afro, não só os rítmicos, mas sobretudo os simbólicos, o samba de compasso binário da polca europeia nasce na área urbana carioca, sob o signo da modernidade, da indústria fonográfica e do incipiente mercado cultural. É um produto de mercado como a própria Black Rio. Como questiona a leitora: quem é mais popular? Ou ainda: o que é ser popular? A autenticidade passa a ter no contexto uma outra lógica, novos parâmetros para se constituir no que é ser popular.

Foi justamente na época dos bailes black que algumas escolas de samba inauguravam "no asfalto" suas novas quadras. Na década de 1970, só para citar três casos, a Portela inaugurou o Portelão; a Mangueira, o Palácio do Samba, e o Salgueiro, a quadra na Rua Silva Teles. Quadras com capacidade para dez, quinze mil pessoas, maiores e mais aconchegantes que os terreiros de outrora.

As aproximações também ficam evidentes em um território de encruzilhadas, pleno de interseções culturais. Gerson King Combo, por exemplo, arregimentou parte de sua banda União Black, a partir de um grupo de pagode da Pavuna.

> Eu moro em Madureira. Eu sou nascido em Madureira, nascido e criado, eu não posso virar as costas pro samba. Como eu vou brigar com o lugar que eu nasci, a minha raiz [...] Até um cara que me defendeu e eu amei, ele até morreu agora, o Almir Guineto, ele falou: "O Gersão tem razão". Olha o "Caxambu", o que é o Caxambu? É uma música de negros, tu ouve, a tua raiz é essa, essa é a raiz. Quando iniciou o Fundo de Quintal. Eu beijo eles até hoje, e Arlindo, Arlindão conhecia o pai, aquele pessoal de raiz nós gravávamos juntos, Aragão, o Pagodinho quando chegou, o Zeca Pagodinho, esse cara é uma benção de Deus. *

No terreno das afinidades, Dom Filó tinha uma relação muito próxima com Candeia. O sambista participava da programação do Clube Renascença, onde o soulman era diretor. A possível polêmica entre os dois tem um certo clima de marketing como a que permeou também a relação entre os compositores Wilson Batista e Noel Rosa, nos anos de 1930. Dom Filó conta que, na verdade, os dois eram mais amigos que inimigos, mas o "conflito" deu pano pra manga no meio fonográfico:

> Então, eu recebi crítica do Candeia, mas na hora que eu sentei com ele e dialoguei, ele entendeu, aí foi aquele samba: "os blacks de hoje são os sambistas de amanhã". Ali ele deu uma amenizada. Mas naquele momento eu tive problemas, a imprensa

começou a acirrar. Nós éramos contratados da mesma gravadora, eu era contratado da Warner para fazer soul e o Candeia era contratado para fazer samba. Sentamos, e ele falou: "Garoto, deixa eles pensarem que a gente está brigando e vamos ganhar dinheiro!" E vendemos disco para caramba, um brigando com o outro, entendeu? Isso é estratégia. É cabeça, é política. Agora, chegou em um determinado momento que o samba tinha que seguir e o soul tinha que cair, aí não tem jeito. *

Esse é um outro aspecto a ser apontado na relação entre os blacks e os sambistas: além da disputa territorial, ambos disputavam um mercado fonográfico em crescimento vertiginoso. Quando os LPs dos bailes, os discos de montagem e dos blacks chegaram ao mercado, era o momento em que o samba, aqui denominado de "raiz", emplacava um hit atrás do outro. Os principais LPs de Candeia foram lançados no período - só o seu genial LP, *Axé - gente amiga do samba* - teria lançamento póstumo. Foi na segunda metade da década de 1970, em consonância com o auge da Black Rio, que Paulinho da Viola deu o nome de sua obra, "Pecado Capital", à novela da Globo; que João Nogueira, Clara Nunes, Martinho da Vila ocupavam lugar de destaque no NOPEM (Nelson Oliveira Pesquisas de Mercado, tipo um Ibope da época, para aferir vendas de discos).[7] E mesmo o samba, "Agoniza, mas não morre", composto por um sambista de morro, Nelson Sargento, fiel em sua letra à defesa que Candeia fazia da tradição oral do gênero, fez parte do exitoso álbum *De pé no chão*, da cantora Beth Carvalho, em 1978, apesar de a letra do samba ressaltar que o gênero agonizava. As críticas de Candeia, e de segmentos da *intelligentsia* brasileira, às escolas de samba sem arte, sem povo, sem quilombo não correspondiam à dinâmica da produção fonográfica do período. Os sambistas "tradicionais", ou descendentes do seu legado, emplacaram um sucesso atrás do outro na indústria do disco.

O complexo cultural desenvolvido nos territórios pela Black Rio, como podemos ver nos mapas destacados no livro, é similar ao do samba nas primeiras décadas do século XX. Basicamente, seguimos os bairros do Catumbi, Rio Comprido, Cidade Nova, Estácio, a Zona

7_Criado em 1965, o NOPEM era um índice de venda de discos produzido com informações de lojistas. Atendendo à indústria fonográfica, a pesquisa selecionava os 50 discos mais vendidos no mercado.

Portuária, passando pelas linhas férreas em direção à Zona Norte e à Zona Oeste, e migrando para o Grande Rio. As tensões e aproximações eram reflexo de um contexto marcado por um regime de exceção, embates ideológicos acirrados, concorrência de mercado em expansão e uma disputa de narrativas sobre a construção do que é ser negra(o) na sociedade brasileira.

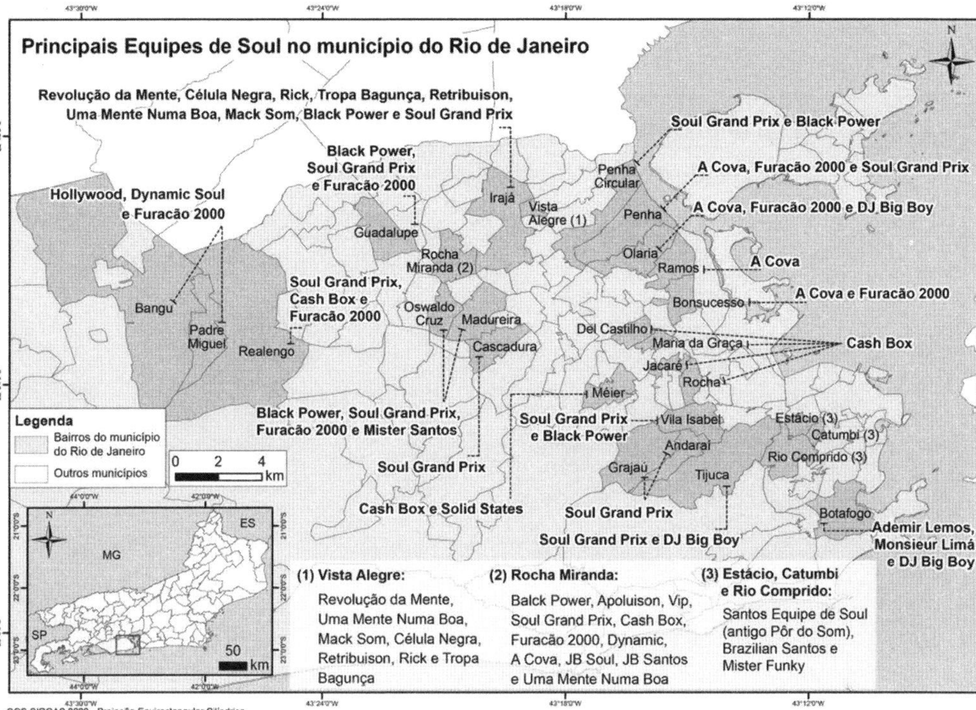

CGS SIRGAS 2000 - Projeção Equirectangular Cilíndrica

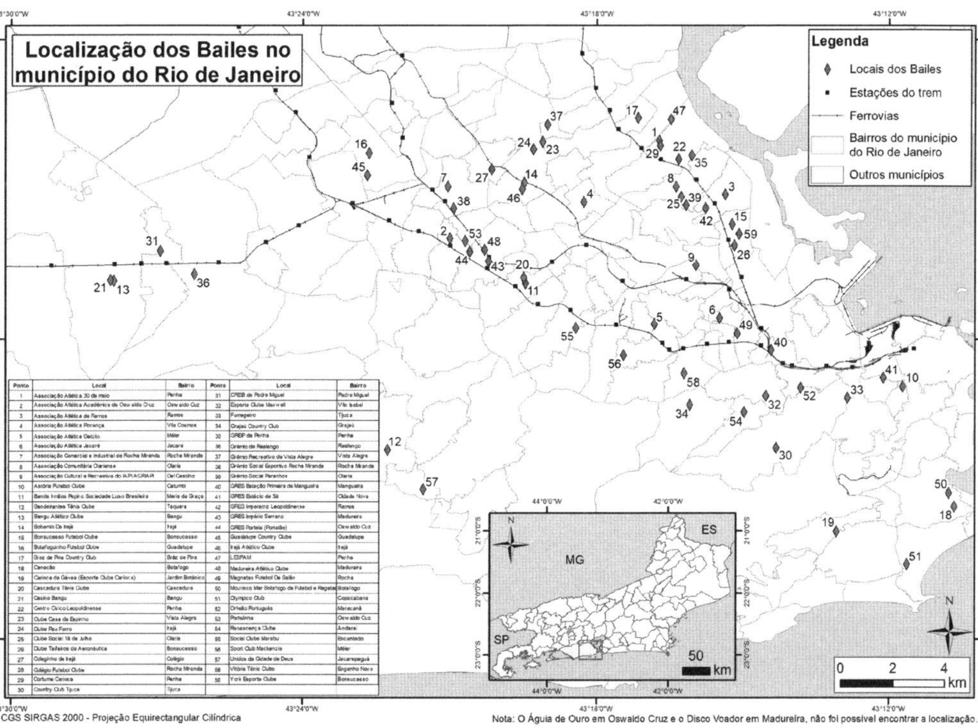

Ponto	Local	Bairro	Ponto	Local	Bairro
1	Associação Atlética 30 de maio	Penha	31	CREB de Padre Miguel	Padre Miguel
2	Associação Atlética Acadêmica de Oswaldo Cruz	Oswaldo Cruz	32	Esporte Clube Maxwell	Vila Isabel
3	Associação Atlética de Ramos	Ramos	33	Fumegeiro	Tijuca
4	Associação Atlética Portuguesa	Vila Cosmos	34	Grajaú Country Club	Grajaú
5	Associação Atlética Getúlio	Méier	35	GREP da Penha	Penha
6	Associação Atlética Jacaré	Jacaré	36	Grêmio de Realengo	Realengo
7	Associação Comercial e Industrial de Rocha Miranda	Rocha Miranda	37	Grêmio Recreativo de Vista Alegre	Vista Alegre
8	Associação Comunitária Olariense	Olaria	38	Grêmio Social Esportivo Rocha Miranda	Rocha Miranda
9	Associação Cultural e Recreativa do IAPI.AGRIAR	Del Castilho	39	Grêmio Social Paranhos	Olaria
10	Astória Futebol Clube	Catumbi	40	GRES Estação Primeira de Mangueira	Mangueira
11	Banda Irmãos Pepino Sociedade Luso Brasileira	Maria da Graça	41	GRES Estácio de Sá	Cidade Nova
12	Bandeirantes Tênis Clube	Taquara	42	GRES Imperatriz Leopoldinense	Ramos
13	Bangu Atlético Clube	Bangu	43	GRES Império Serrano	Madureira
14	Bohemio De Irajá	Irajá	44	GRES Portela (Portelão)	Oswaldo Cruz
15	Bonsucesso Futebol Clube	Bonsucesso	45	Guadalupe Country Clube	Guadalupe
16	Botafoguinho Futebol Clube	Guadalupe	46	Irajá Atlético Clube	Irajá
17	Braz de Pina Country Club	Brás de Pina	47	LESPAM	Penha
18	Canecão	Botafogo	48	Madureira Atlético Clube	Madureira
19	Carioca da Gávea (Esporte Clube Carioca)	Jardim Botânico	49	Magnatas Futebol De Salão	Rocha
20	Cascadura Tênis Clube	Cascadura	50	Mourisco Mar Botafogo de Futebol e Regatas	Botafogo
21	Casino Bangu	Bangu	51	Olympico Club	Copacabana
22	Centro Cívico Leopoldinense	Penha	52	Orfeão Português	Maracanã
23	Clube Casa da Espinho	Vista Alegre	53	Portelinha	Oswaldo Cruz
24	Clube Pau Ferro	Irajá	54	Renascença Clube	Andaraí
25	Clube Social 18 de Julho	Olaria	55	Social Clube Marabu	Encantado
26	Clube Taifeiros da Aeronáutica	Bonsucesso	56	Sport Club Mackenzie	Méier
27	Colegiinho de Irajá	Colégio	57	Unidos da Cidade de Deus	Jacarepaguá
28	Colégio Futebol Clube	Rocha Miranda	58	Vitória Tênis Clube	Engenho Novo
29	Cortume Carioca	Penha	59	York Esporte Clube	Bonsucesso
30	Country Club Tijuca	Tijuca			

CGS SIRGAS 2000 - Projeção Equirectangular Cilíndrica

Nota: O Águia de Ouro em Oswaldo Cruz e o Disco Voador em Madureira, não foi possível encontrar a localização.

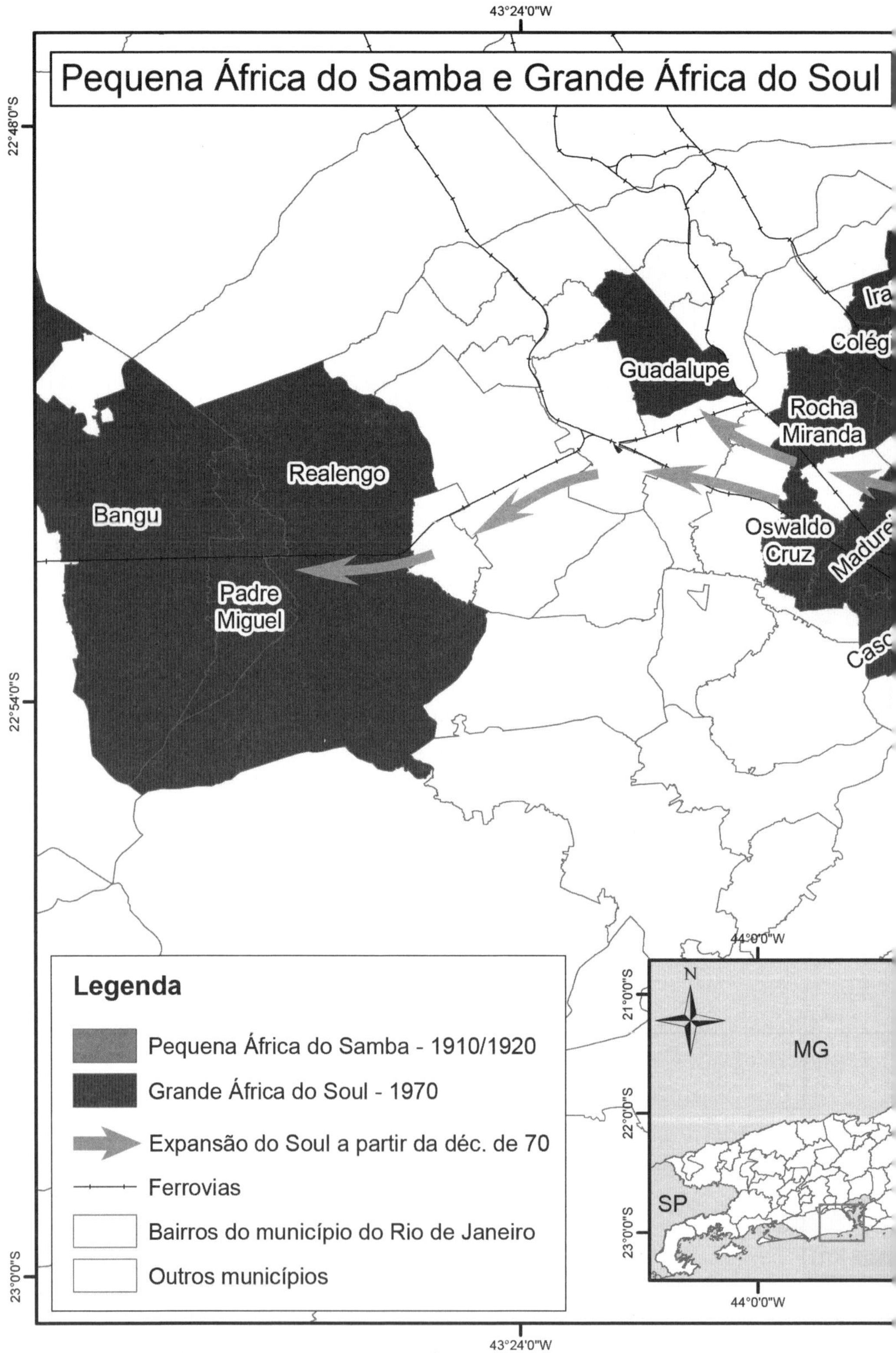

CGS SIRGAS 2000 - Projeção Equirectangular Cilíndrica

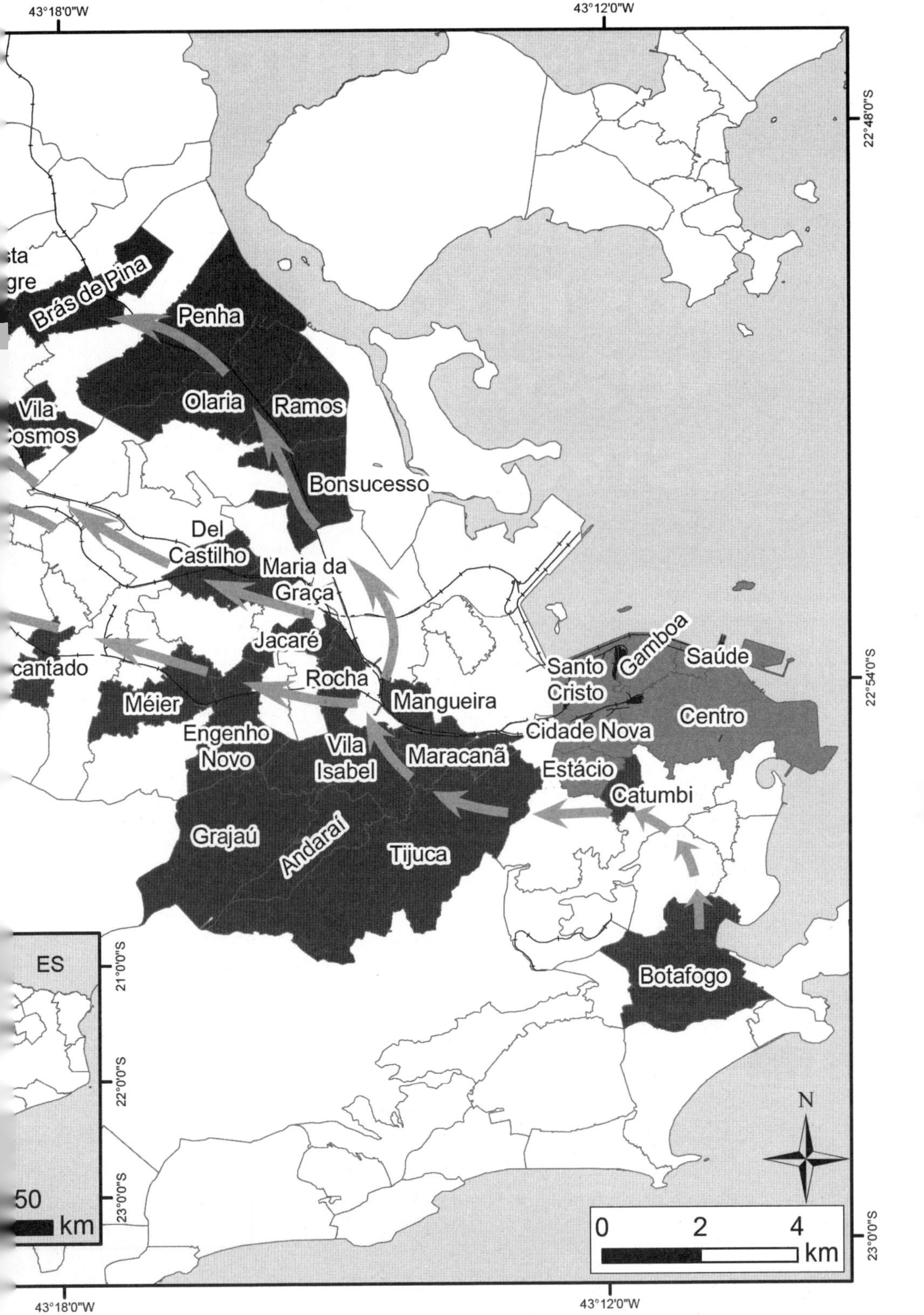

43°18'0"W
43°12'0"W
22°48'0"S
22°54'0"S
23°0'0"S
Brás de Pina
Penha
Olaria
Ramos
Vila
Cosmos
Bonsucesso
Del
Castilho
Maria da
Graça
Jacaré
Rocha
Mangueira
cantado
Méier
Engenho
Novo
Vila
Isabel
Maracanã
Grajaú
Andaraí
Tijuca
Santo
Cristo
Gamboa
Saúde
Centro
Cidade Nova
Estácio
Catumbi
Botafogo
ES
21°0'0"S
22°0'0"S
23°0'0"S
50
km
N
0
2
4
km

6_ APONTAMENTOS SOBRE A PERSEGUIÇÃO AOS BLACKS E NOSSO RACISMO ESTRUTURAL

A gente apanhou do DOPS. Não só da PE [Polícia do Exército], da PE a gente corria por causa da roupa. A Invernada de Olaria que era pior que a PE.
(Dançarino Zezinho, 2018)

Você teria por ele esse mesmo amor/
Se Jesus fosse um homem de cor
Se Jesus fosse um homem de cor.
(Cláudio Fontana)

A ditadura civil-militar estava, sem sombra de dúvida, diante de um fenômeno de massa da cultura urbana em plena expansão territorial. As forças do regime passaram a reprimir e silenciar os artistas e a cadeia produtiva dos bailes da Black Rio. Durante muito tempo se imaginou que essa repressão ocorreu "apenas" com artistas ligados ao universo da MPB, como Chico Buarque, Caetano Veloso, Geraldo Vandré, Sergio Ricardo, Gilberto Gil.

Em 2015, a Comissão Estadual da Verdade do Rio de Janeiro (CEV-RJ) comprovou, através de documentos, que a ditadura civil-empresarial-militar espionava com lupa a cadeia produtiva dos bailes black: empresários, artistas, produtores, frequentadores. O ponto de partida foi um informe de fevereiro de 1975, enviado pelo I Exército ao DOPS, alertando sobre um agrupamento de negros remediados que pretendiam reproduzir no Brasil os mesmos conflitos raciais dos americanos do norte. E tinha mais, segundo o documento: o líder do grupo seria um negro americano que recebia verbas do exterior para atuar na Escola de Samba Portela.[1]

Filipetas dos anos 1970 que divulgavam os bailes da Black Rio foram apreendidos pela polícia e serviram de base para que o DOPS criasse uma documentação minuciosa sobre o tema descrevendo os hábitos, vestimentas, gestos e tipo de música dos frequentadores dos bailes. O avanço da pesquisa demostrou que o Serviço Nacional de Informação (SNI) tinha um dossiê intitulado "Racismo Negro no Brasil", com mais de quatrocentas páginas que eram compartilhadas entre vários órgãos do governo militar, com diversos materiais anexados, como revistas, panfletos e textos.

Esse material, segundo o historiador Lucas Pedretti (2017), um ás no estudo desse período,

> nos faz deslocar a análise da ditadura e pensar o regime de exceção a partir da experiência de jovens negros em espaços da cidade como Guadalupe, Rocha Miranda, Madureira, Padre Miguel, Ramos, Bonsucesso, Bangu, Maria da Graça, Brás de Pina, Irajá, Pavuna, Coelho da Rocha, Jacaré, Duque de Caxias, Méier, Realengo, Jacarepaguá, Senador Camará, Penha e Nilópolis. Indivíduos e locais que se distanciam enormemente da memória consolidada da "vítima da ditadura" como um jovem estudante universitário da Zona Sul carioca.

A pesquisa da Comissão da Verdade do Rio de Janeiro demostrou que os bailes não estavam apenas na mira do DOPS, mas também de outros órgãos da estrutura de repressão do regime, como o Centro de Informações do Exército (CIE), e o temido Conselho de Segurança Nacional (CSN).[2] "Adotar uma perspectiva de análise que leve em conta a dimensão racial é fundamental para compreendermos a razão pela qual a ditadura via como um problema as festas promovidas por 'jovens de cor' - como os frequentadores dos bailes eram descritos nos documentos" (PEDRETTI, 2017).

1_Ver a matéria de F. Oliveira, "Ditadura perseguiu até bailes black", jornal *O Globo*, Rio de Janeiro, 11 de julho de 2015.
2_Arquivo Público do Estado do Rio de Janeiro, Fundo Polícias Políticas, Setor DGIE, Notação 250.

O núcleo duro da ditadura civil-empresarial-militar tinha pesadelos só de imaginar o surgimento por essas bandas de um Huey Newton, um Eldridge Cleaver ou um Bobby Hutton. As autoridades militares estavam preocupadas com a defesa dos direitos civis, da igualdade social e da participação na luta armada com os quais a população negra podia se engajar, inspirada no movimento dos Panteras Negras. O cantor Gerson King Combo chegou a ser detido e levado (várias vezes) para a sede da Polícia Federal, na Praça Mauá. Os interrogatórios podiam durar horas. Gerson era considerado pela polícia como o "Líder do Movimento Black". Em certa ocasião, o cantor procurou o baterista Ivan Conti, o Mamão, do grupo Azymuth. Teve que pesquisar com os amigos o novo endereço do instrumentista, visto que ele estava sendo vigiado pela ditadura e mudara de apartamento para manter o anonimato. Gerson queria que Mamão gravasse uma música sua. Ao chegar ao endereço, não encontrou a campainha e começou a gritar o nome de Mamão a plenos pulmões. De pronto, uma mulher fez gestos desesperados da janela para que ele parasse de gritar. Ao perceber que o prédio estava vigiado por militares, o cantor deu uma de vendedor de frutas e saiu gritando: temos mamão, banana, pera, goiaba... (PEIXOTO; SEBADELHE, 2016).

O surto dos militares era compartilhado pela imprensa conservadora, como o jornal *O Globo*, apoiador da ditadura. Em um editorial intitulado "Black Power in Brasil", de 1977, do autor Ibraim De Leve (possivelmente um pseudônimo do colunista social Ibraim Sued) trazia uma denúncia sobre um grupo - não identificado - que tentava instaurar no Brasil uma célula dos Black Power: "o líder é o cantor Gerson King Combo e o vice-líder é o Tony Tornado. O objetivo do movimento é instalar no país uma célula dos Panteras Negras, como existe nos Estados Unidos."

Essa paranoia vinha da ideia de que o soul/funk seria uma célula esquerdista, comunista e de resistência. Argumento este que parece não ter lá muita lógica, tendo em vista que o próprio Tony Tornado cansou de levar pancada da esquerda por seu canto "americanizado" e estilo "mimiqueiro" à la James Brown. De certa forma, seguimos a consideração de Gustavo Alonso (2011), "mesmo que Tony Tornado e, por conseguinte, Gerson King Combo e outros cantores brasileiros de soul compusessem e gravassem músicas que pregassem o protesto e a conscientização, nunca foram considerados artistas de 'resistência', pois eram criticados por serem 'copiadores' de uma musicalidade 'importada', portanto, alienada e menos legítima." Se correr o bicho pega, se ficar o bicho come, nesta época para os blacks no Rio era pancada de todo o lado.

Até o sírio André Midani, o mais importante produtor da indústria fonográfica brasileira, recebeu advertência de amigos de que os militares estavam de olho nele e que qualquer passo em falso poderia levar a sua extradição do país:

> A alegação, que parecia de um filme de ficção, era que eu recebia dinheiro, através da Warner norte-americana, proveniente dos contestadores movimentos black americanos. Liderados pelo Quincy Jones [produtor e empresário do disco nos Estados Unidos] para financiar a revolução e a insurgência dos negros nas favelas brasileiras. E que a reportagem sobre os bailes da Zona Norte era nada menos que o sinal de partida dessa operação e fazia parte de uma estratégia de desestabilização (PEIXOTO; SEBADELHE, 2016).

Nesse cenário de perseguições e ameaças, sobrou para a Banda Black Rio, que teve suas produções canceladas por Midani. Acusavam o grupo de ser associado a uma postura radical, tocando em São Paulo e no Rio, no Chic Show e Noites Cariocas, respectivamente, arrastando milhares de fãs.

OBERDAN PINTO MAGALHÃES

O maestro da Banda Black Rio, nascido em março de 1945, em Madureira, no Rio de Janeiro, Oberdan Pinto Magalhães ficou conhecido por seu dom musical e sua habilidade com diversos instrumentos. Foi arranjador, compositor, saxofonista e multi-instrumentista de funk, soul e jazz. Com formação acadêmica em música, iniciou sua carreira na década de 60, tocando em festas e na televisão. Trabalhou na Orquestra Sinfônica Brasileira ao lado de Paulo Moura, seu amigo e incentivador. Ainda jovem, fez parte de diversos grupos musicais, entre eles o Impacto 8 e o grupo Abolição, participações que o permitiram conhecer seus futuros companheiros de banda. Após o fim do grupo Abolição, Oberdan se juntou a outros músicos para realizar apresentações na boate Black Horse. Pouco tempo depois foi convidado pelos irmãos Nana e Dori Caymmi para tocar na boate Preto 22. Ao longo da década de 1960 e início dos anos 1970, além de participar de discos e bandas, trabalhou em shows e gravações com Raul Seixas, Tim Maia, Gilberto Gil, Milton Nascimento e Caetano Veloso. Foi arranjador de "Ébano", um dos maiores sucessos de Luiz Melodia. Foi então que em 1977 o produtor Dom Filó, o James Brow da organização dos bailes soul, juntou o grupo que foi batizado de Banda Black Rio - nome que foi inspirado no movimento musical de negras e negros periféricos da cidade. O grupo carioca lança o primeiro disco, *Maria Fumaça*, que fez muito sucesso por fazer parte da trilha sonora da novela "Locomotivas", da Rede Globo. Em 1980, o grupo gravou seu terceiro disco, o último com a participação de Oberdan, que morreu precocemente em um acidente, aos 38 anos, em 1984. Oberdan é o grande elo da música brasileira com o soul.

A conclusão do relatório final da CEV-RJ sobre a vigília aos bailes black não deixa dúvidas sobre o cerco ao movimento:

> A partir dos depoimentos coletados pela CEV-Rio, o que se constatou é que a vigilância na porta dos bailes, as revistas policiais, as apreensões dos pentes, os cortes dos cabelos Black Power, as prisões arbitrárias, as torturas físicas e psicológicas, não se restringiram às lideranças das equipes de som ou do movimento black. Bastava frequentar os bailes para presenciar ou sofrer diretamente esses tipos de violações praticadas pelos agentes do Estado (PEDRETTI, 2017).

Dom Filó também lembra a vigilância dos militares em seu baile e teorias sem sentido:

> Eu sabia que do meu lado tinha um cara infiltrado, só me filmando. Eram os caras. Eram negros. Mas eram negros ligados

> ao sistema, à repressão, a gente sabia, porque o cara não tinha trejeito black. Tinha cabelo black, mas o trejeito, a fala [...]. Além de infiltrar agentes, buscaram mapear as lideranças e chegaram também a muitas viagens, viajaram, por exemplo, que nós estaríamos montando um bairro só de negros, um condomínio só de negros e nós estaríamos com dinheiro do exterior, que a CIA estaria colocando um milhão de dólares, e eu tinha esse dinheiro no caixa. *

Em 1976, Dom Filó foi levado encapuzado e lançado num carro perto do Clube Renascença, na saída da Noite do Shaft. A descrição do ambiente corresponde à do terrível DOI-Codi, na Rua Barão de Mesquita, na Tijuca, local de suplícios para os opositores do regime:

> Saindo do baile, quando eu ia entrar no carro, meteram o capuz na minha cabeça e eu só vi estrelas dentro do camburão. Foram falando o tempo todo em um negócio de 1 milhão, "cadê o dinheiro?" "Você é comunista, não é?" Chegando no quartel me botaram em uma cadeira, tiraram o capuz, tinha muita luz. Aí apagaram a luz e falaram: "agora você vai ver". Era o quartel da Polícia do Exército, na Rua Barão de Mesquita, na Tijuca. Aí eu falei: "se eu sumir, imagina o que vai ter aí na porta. Se um baile tem quinze mil, multiplica isso aí por 400 bailes". Aí eles pararam, fizeram uma reflexão, me deixaram lá por um bom tempo. Aí me botaram no carro e me largaram no Lins. *

A amizade com o sambista Roberto Ribeiro, que ostentava uma juba black em praticamente todas as capas de seus discos, inspirou Dom Filó a fazer uma artimanha para não perder seus preciosos discos de soul nas frequentes duras que levava da repressão:

> [...] Eles pegavam os nossos discos, aí que era o perigo, imagina levar o James Brown, as músicas que a gente tocava? Só que eles não sabiam. Então o que a gente começou a fazer? Começamos a comprar discos de samba e colocar misturados como os de soul, então os caras chegavam: "Vamos levar esses discos!". Então está bom. Aí ele pegava o do Roberto Ribeiro, pegava o do Martinho [da Vila], e a gente deixava levar. Só não podia levar

> o James Brown, porque tirar o James Brown da grade, e como eles não conheciam os americanos, eles levavam os nacionais, entendeu? Mas tudo isso era estratégia para a gente sobreviver ao momento de muita repressão. *

Além de propagar o ideário comunista em seus bailes, os blacks também eram acusados pela repressão de uma espécie de "racismo reverso". "Quando a repressão veio em cima de mim e me levam preso, dizendo que eu era ativista, que eu estava aqui fazendo racismo reverso, um monte de coisa, levei um susto, porque mal sabia o que era isso", afirma Dom Filó. Essa falácia do racismo reverso contaminou a mídia nativa. É o que se pode ver na matéria intitulada "Fora com os racistas", do *Correio Brasiliense*, de 1977:

> Em meio ao emaranhado de problemas a desafiar o Governo, discretamente está sendo urdida uma "versão brasileira" dos movimentos racistas "made in USA". Autoridades responsáveis pela tranquilidade do país já localizaram no Rio de Janeiro o centro irradiador da "nova moda". O que se intenta, através da utilização de negros bem situados socialmente é reacender ódios sepultados pela Lei Áurea de 1888. Procura-se transportar para a paz do tropicalismo brasileiro as explorações racistas do Harlem. Procura-se mostrar o negro da América do Norte como um "afluente" que está sempre em guarda contra os brancos ricos. Aí chega-se ao ponto preocupante da questão: o que se quer além da manipulação racial é atingir um objetivo mais amplo: atirar pobres (negros) contra brancos (ricos). Contudo, além de estarem na mira das autoridades, é bom lembrar que os "cérebros" desse movimento serão, muito breve, expostos à execração pública. A sociedade brasileira não aceita manipulações tão primárias como as que se quer fazer. Temos uma longa tradição de integração racial e não serão grupelhos que, a pretexto de fazer soul music brasileira, vão botar abaixo arraigadas convicções. As coisas vão mesmo é ficar pretas para essa turma que está brincando de black Rio e outros blacks.

A agressividade dos conservadores na mídia fez Dom Filó tentar desconstruir na *Folha de São Paulo* (7 de dezembro de 1976) a ideia do racismo reverso quando da chegada da banda Black Rio em São Paulo, em 1976: "não é necessário ser negro, é necessário ter suingue. Se fosse de caráter racial, o Black Rio já teria terminado, tranquilamente." O discurso do racismo ao reverso, atualizado recentemente, é uma ratificação da existência do preconceito racial na sociedade brasileira,

> a própria ideia de racismo reverso é curiosa e nos mostra como muitas vezes nos detalhes moram as grandes questões. O termo "reverso" já indica que há uma inversão, algo fora do lugar, como se houvesse um jeito "certo" ou "normal" de expressão do racismo. Racismo é algo "normal" contra minorias - negros, latinos, judeus, árabes, persas, ciganos etc. - porém, fora destes grupos, é "atípico", "reverso". O que fica evidente é que a ideia de racismo reverso serve tão somente para deslegitimar as demandas por igualdade racial (ALMEIDA, 2019).

O empresário Rômulo Costa, da Furacão 2000, peça-chave na passagem da Black Rio para o funk, expõe que quem sofria perseguição e preconceito eram os blacks:

> A gente brigava muito na época, porque não tinha espaço para os negros. Não tinha um padre negro, não tinha um deputado negro, não tinha um enfermeiro negro, não tinha ninguém que ascendia socialmente. Mas nós não perseguíamos os brancos. Pra quê? Só que a polícia e o DOPS comandados pelos brancos partiam pra cima de nós. "Que troço é esse? É muito crioulo junto, muito negão junto, eles vão fazer alguma revolução!" O Tony Tornado uma vez, na época que a gente saía no Camaro dele, e a polícia parava, ele já descia do carro fazendo escândalo: "É por que é negro? Por que nego não pode ter um carro novo?" E todo mundo conhecia o Tornado. Porque ele era um negão de dois metros de altura. Não tinha como não conhecer, com o esporro que ele fazia: "Isso é discriminação racial!". E na época os polícias eram foda, só que a gente metia a bronca. Eles pediram o documento do carro e a gente não abria nem o carro, mostrava pelo vidro: "Oh o documento aí". Aí a gente ficava puto porque os policiais eram negros, e a gente: "Porra,

tudo negão e vocês pedindo documento para gente? Isso é porque você não tá satisfeito com a sua cor?" *

Para o cantor Carlos Dafé, o racismo reverso ou essa briga entre blacks e whites foi plantada no coração das gravadoras. Tudo isso pra fazer o circo pegar fogo:

> Um dia, me trancaram numa sala lá na Warner para um diálogo com o Gazola e o André Midani, aí me deram um sabão: "Rapaz, eu não estou te entendendo?" Eles falaram que eu tinha que discriminar o branco porque eu fazia parte de um movimento que era similar ao americano, aí eles queriam que a gente partisse para esse clima, como liderança desse movimento através da música. Só que a minha cultura é outra, a nossa cultura é outra, nós somos miscigenados, criados e vivendo no meio dos brancos. E o branco pobre também passa por um sufoco que nem o negro. A mídia é assim, eles querem ver sangue, o que vende é sangue, o que vende é o cara ser bandido, briga, porrada, tóxico. Aí eles me deram a geladeira. *

Gerson King Combo era o típico personagem do movimento que mostrava a pluralidade de opiniões que circulava pelos bailes na cidade. Não havia uma unificação de reivindicações, nem mesmo uma concordância em uma visão crítica à ditadura ou uma bandeira ideológica única. "Em 1969", comenta Gerson, "o movimento negro foi crescendo numa tal volúpia, numa tal velocidade, pela ânsia muito de nego sair; a ditadura para mim, ela nunca foi feia, tem uns que não gostam, mas na época da ditadura eu tinha quatro carros, eu era cheio de seguranças, não foi muito bom, mas não era muito ruim pra mim."* O DJ Neném foi além, não via repressão ao próprio movimento,

> eu mesmo não me importava com isso, eu não enxergava isso, a parte política, porque nós não éramos incomodados. Nós fomos incomodados lá na frente, mas nunca ouve repressão... O Filó foi chamado lá na Polícia Federal e pelo DOPS para conversar, e o Paulão da Black Power também, mas na negrada que estava ali na pista, isso eu não me lembro de ter tido algum tipo

de repressão. "Ah! Não vai ter baile, porque é baile de preto." Nunca. Eu não me lembro.*

O cantor Wilson Simonal foi um personagem controverso dessa década de grande visibilidade da negritude. Se Roberto Carlos era "o Elvis Presley brasileiro", Tim Maia "o Little Richard brasileiro", Tony Tornado "o Chubby Checker brasileiro", Simonal era apresentado por Carlos Imperial como o "Harry Belafonte brasileiro". É bom lembrar que Simonal desfilou sua "pilantragem" no período entre a bossa nova e o iê-iê-iê. Simonal "era a encarnação daquele momento de impasse. Cantava com um vozeirão, influenciado por Cauby Peixoto, mas com técnicas modernas; fazia bom uso do microfone e tinha informações musicais muito atualizadas, como o som de Ray Charles ou de Pérez Prado, que passavam longe das referências dos artistas da velha guarda" (ALEXANDRE, 2009).

WILSON SIMONAL

Em entrevista para um documentário sobre a vida do cantor Wilson Simonal, o produtor, ator e escritor Luiz Carlos Miele, afirmou para seu interlocutor: "Existe cantor melhor que Simonal na história da música brasileira? Me diga um melhor que ele..." A pergunta ainda continua no ar. Wilson Simonal de Castro nasceu em fevereiro de 1938, na Cidade do Rio de Janeiro. Ainda jovem, foi convocado a servir no Exército e lá teve certeza do seu gosto pela música. Foi então que em 1960 pediu exoneração das Forças Armadas e formou sua primeira banda, conhecida como Dry Boys. Um ano depois, após o fim da banda, Simonal começa a batalhar por sua carreira solo. O cantor faz diversas apresentações em casas de shows e grava alguns compactos com músicas como "Terezinha". Em 1964, após uma apresentação no Beco das Garrafas, surge a oportunidade de apresentar um programa na TV Tupi. O programa *Spotlight* durou até 1966, quando teve fim seu contrato com a TV Tupi. Nesse mesmo período, Simonal assina contrato com a TV Record e passa a ter lugar na programação musical da emissora. Lança o sucesso "Mamãe passou açúcar em mim" e se fixa como um dos mais importantes nomes da música brasileira. Os anos seguintes são marcados com o lançamento das obrigatórias, em qualquer playlist, "País Tropical" e "Que Maravilha". Em 1970, quando foi acusado de extorsão e sequestro de um ex-funcionário, Simonal passou a ser silenciado pela mídia e pelos próprios artistas da MPB.

Não vou me deter no propalado caso de violência contra o seu contador e a acusação de Simonal ser cacoete dos militares no meio musical. O meio artístico tem suas peculiaridades e, no período de Guerra Fria e de ditaduras da década de 1970, qualquer curva fora da reta poderia ser fatal. O que nos cabe trazer aqui é que o homem show Simonal, assim como Tony Tornado, depois do casamento com a atriz Arlete Sales, ou o maestro Erlon Chaves, com suas loiras bailarinas, sofreram os preconceitos exacerbados de uma sociedade branca acuada pela propagação estética da valorização da negritude e, no âmbito psicológico, pelo sucesso econômico e social de alguns desses artistas negros. Certamente Simonal cometeu muitos erros e a literatura musical e policial tratou de registrá-los e cobrá-los. Mas a sua condenação à época, e sobretudo o silenciamento da sua trajetória na história da música popular brasileira, envolve uma questão mais profunda. Uma questão diretamente relacionada aos séculos de escravidão no país: o racismo estrutural.

> O racismo é uma decorrência da própria estrutura social, ou seja, do modo "normal" com que se constituem as relações políticas, econômicas, jurídicas e até familiares, não sendo uma patologia social e nem um desarranjo institucional. O racismo é estrutural. Comportamentos individuais e processos institucionais são derivados de uma sociedade cujo racismo é regra e não exceção. O racismo é parte de um processo social que ocorre "pelas costas dos indivíduos e lhes parece legado pela tradição" (ALMEIDA, 2019).

Wilson Simonal, assim como alguns artistas, intelectuais e formadores de opinião progressistas, se envolveu com o samba de morro, a "música popular da UNE (União Nacional dos Estudantes)" e a música "engajada". Frequentou os redutos do "front da esquerda" como o

Zicartola e os shows *Rosa de Ouro* e *Opinião*. O interessante é que, diferente da maioria absoluta dos artistas de "opinião" da época, a história de Simonal

> representava a verdadeira conexão entre o morro e o asfalto. A diferença é que Simonal inverteu a direção: em vez dos brancos cultos paternalizando os velhos sambistas, ele era negro, filho de uma empregada doméstica e crescido em favela, que gostava de jazz, trafegava nas altas rodas e cantava em inglês. Era a verdadeira mobilidade social promovida pela música - restava saber se seria bem aceito pelo "sistema" (ALEXANDRE, 2009).

Só que Simonal, ao "inverter a direção", a "ordem natural das coisas", esbarrou nos limites de uma sociedade preconceituosa. O seu êxito econômico, assim como o de Tony Tornado, era demais para uma época amparada na falácia da democracia racial, na "exitosa" construção de uma identidade nacional. Esse que é o ponto: mesmo o campo progressista, os movimentos de esquerda e seus espectros políticos tinham dificuldade de perceber o preconceito enraizado em seus discursos inflamados pelo fim das desigualdades de classe, redenção de todos os males sociais. A questão étnica, de gênero e a questão das minorias eram pautas desconsideradas como se não estivessem diretamente relacionadas à ideia de superação de uma sociedade de classe. Hoje é possível afirmar que tal desprezo foi um erro histórico que custaria um preço alto para os progressistas.

Colocando o pingo no i, havia um certo clima de "benevolência" com a ascensão desses atores negros. Uma "permissão cristã" para os seus sucessos. Só que o juízo final acompanhava de perto as suas trajetórias no purgatório. O primeiro deslize público, fora dos cânones reservados para os negros, seria redimensionado à quintessência. É como se a sociedade fosse um jacaré, silencioso, observador, até complacente com sua presa. Um predador que atura a presa enquanto esta lhe serve de entretenimento, diversão, mas, no primeiro "vacilo" cometido por ela, no primeiro tropeço, vira um almoço ou um jantar suculento comido com prazer pelo *establishment*. Corrobora esse raciocínio a observação de que o tratamento e as consequências foram bem diferentes quando Elis Regina e Roberto Carlos, entre outros, resolveram aceitar o convite do general presidente Médici, líder inconteste da maior repressão aos opositores do regime, para cantar o Hino Nacional nas olimpíadas militares e saudar o Brasil que "Vai pra Frente". Alguns pesquisadores relatam que os artistas foram por cachês volumosos, outros dizem que eles foram intimados a comparecer. O fato é que foram. Surgiram até umas críticas, logo apagadas pela história. No jornal *O Pasquim*, ácido tabloide contra a ditadura, o cartunista Henfil chegou a apelidar Elis de Elis Regente, em alusão ao coral que ela cantou, e acabou por enterrá-la no cemitério do Cabôco Mamadô, personagem criado para mandar sepultar as pessoas que colaboravam com a ditadura. Entretanto a história amenizou as críticas sobre sua participação e a de outros artistas no evento dos militares. Saindo do calor ideológico da época, ninguém mais fala dessa Elis ou desse Roberto Carlos "regentes". Só se fala da pimentinha do Sul, de voz grandiosa da MPB e do maior cantor do país, proclamado Rei Roberto Carlos. Mas para Simonal ficou o silenciamento, uma vida escondida, afogada no álcool que o levaria à morte. Eis o racismo estrutural, eis a boca do jacaré do *establishment* devorando sua presa predileta.

A "polida etiqueta racial" do campo progressista ficou tão polida que ninguém estendeu a mão ao cantor Wilson Simonal. O sociólogo argentino Carlos Hasenbalg (1979) comenta a "benevolência" do brasileiro com a questão étnica:

> A adesão dos brasileiros brancos à ideologia da democracia racial é tal que a distinção entre "falsa consciência", como conjunto de concepções cuja inadequação não é clara para seus aderentes, e "falsidade da consciência" ou hipocrisia pura, torna-se difícil. Esta adesão implica um padrão duplo em que concepções preconceituosas sobre os negros e práticas discriminatórias disfarçadas coexistem com uma polida etiqueta racial, pela qual as manifestações públicas de preconceito e as formas abertas de discriminação incorrem numa severa desaprovação.

A personalidade errática e as opiniões contraditórias sobre a vida pública brasileira não impediram que o cantor Wilson Simonal externasse em sua obra a dificuldade de ser negro no Brasil, como na emblemática música em homenagem ao ativista negro Martin Luther King, em parceria com Ronaldo Bôscoli.

MARTIN LUTHER KING JR.

Neto e filho de pastores protestantes da Igreja Batista, Martin Luther King Jr., nascido em 15 de janeiro de 1929, no estado de Atlanta, foi um dos mais importantes ativistas do movimento negro estadunidense de todos os tempos. King dedicou importante período da sua vida à luta pela igualdade civil entre negros e brancos. Em 1955, ele foi um dos líderes do boicote aos ônibus da cidade de Montgomery. O ato de protesto começou em função do caso Rosa Parks, mulher negra que foi presa ao negar-se a ceder o seu assento a um homem branco no ônibus. O protesto durou mais de um ano e levou a Suprema Corte Americana a declarar ilegal a discriminação racial em transportes públicos. Ao optar pela revolução pacífica, Luther King encontrou resistência das autoridades estadunidenses, de grupos racistas como a Ku Klux Klan e até mesmo em grupos de ativistas negros como os Panteras Negras. Quando se preparava para mais uma marcha civil pela igualdade racial, Martin Luther King foi morto no dia 4 de abril de 1968, em Memphis.

A composição de Simonal sobre o trágico assassinato do pastor chamou a atenção do maestro César Mariano. No intervalo de uma passagem de som, Simonal pediu ao maestro para mostrar uma música que havia feito em homenagem ao pastor americano Martin Luther King. Ao piano, dedilhou um espiritual que fizera com o compositor bossa novista Ronaldo Bôscoli. César Camargo Mariano ficou encantado com a música.

O *Tributo a Martin Luther King*, de Simonal, foi gravado em 1967. O fonograma ficou censurado nos porões da ditadura durante quatro meses. Em algumas apresentações do tributo, Simonal fazia um discurso para seu primogênito torcendo para "que no futuro meu filho não encontre nunca aqueles problemas que eu encontrei e tenho tantas vezes encontrado, apesar de me chamar Wilson Simonal": "Sim, sou um negro de cor / meu irmão de minha cor / o que te peço é luta, sim, luta mais / que a luta está no fim / [para] cada negro que for, mais um negro virá / para a luta, com sangue ou não / com uma canção também se luta, irmão".

Sensibilizado com a composição, o maestro César Camargo Mariano criou um arranjo pesado, compatível com a filosofia sofrida da letra. Mas, supreendentemente, Simonal pediu ao contrário: "Vamos 'suingar' isso aí, precisamos deixar esse assunto mais leve.'" (ALEXANDRE, 2009).

E suingar era a praia de Simonal. No programa televisivo *De Cabral a Simonal*, Gerson King Combo, amigo de Simonal, desde os tempos do programa *Clube do Rock*, organizava a marcação do palco. O sucesso *De Cabral a Simonal* foi estrondoso pelo país. O cenário tinha um mosaico de bandeiras estilizadas de todo o mundo. Mas uma bandeira, apenas por disposição privilegiada no palco, aparecia na TV mais que as outras: a bandeira da União das Repúblicas Socialistas Soviética. Pronto. Lá foi Simonal para o DOPS prestar depoimento sem saber o teor da intimação. A ditadura acompanhava com olhos de lince qualquer movimento "atípico" do setor cultural.

A repressão aos blacks, seja ela intelectual ou física, fez com que parte do núcleo central da Black Rio - as equipes de som com seus DJs - rumassem para outros cenários musicais. Os tempos já não eram os mesmos ao final da década de 1970. A base do baile ficou, mas o funk e o hip-hop tornaram-se uma linguagem musical mais contemporânea para os jovens negros das periferias do Rio e do país, retratando em suas letras um ambiente de violência e de total ausência do poder público nesses territórios. Mas seria possível dizer que a Black Rio, o primeiro grande movimento musical de massa da juventude negra no país, teve reflexos no resto do país? Para DJ Neném, a Black Rio foi um movimento local,

> porque o soul music não foi no Brasil todo, como foi a Tropicália e a Bossa Nova, que foram mundiais. Até hoje se toca Bossa Nova no Japão, na Ásia, e vai por aí. O soul music não chegou, sei lá, não chegou no Piauí. Eu não consigo comparar, são duas coisas completamente diferentes. O Soul é uma coisa carioca, em lugar nenhum do Brasil o Soul atingiu essa proporção, nem em São Paulo. Minas foi agora, eu já toquei em Belo Horizonte com a Soul Grand Prix, há vinte anos, vinte e cinco, trinta anos, na época que o Soul estava fervendo aqui, não acontecia lá." *

A seminal Bossa Nova, base da MPB, e o tropicalismo, foram movimentos fundadores e reformuladores da sigla, respectivamente, como já afirmamos. O estranhamento inicial com o Tropicalismo não impediu que os intelectuais e artistas, os formadores de opinião, da MPB, incorporassem os baianos em sua instituição cultural. Os livros, teses, shows, matérias jornalísticas, documentários são incontáveis sobre os dois períodos musicais. Já a Black Rio, como destacado, sofreu o silenciamento das instituições do país durante décadas. Entretanto DJ Neném não levou em consideração, nem poderia levar, que a produção e circulação da estética musical do soul foi um fenômeno nacional irreversível em áreas com grande concentração da população negra pelo país.

Os governos pós-abertura política, a famosa distensão do regime militar, lenta, gradual, controlada, teriam necessariamente que lidar com a pauta política gestada e elaborada durante a Black Rio. As novas instituições em defesa da negritude aceleraram o processo de representação dos negros na sociedade e nas instâncias de poder do Estado. E não seria diferente com os movimentos musicais periféricos, inspirados na simbologia e na estrutura dos bailes que começaram no Clube Astória sob o comando do DJ Mister Funky Santos no comecinho dos anos de 1970.

7_ DO SOUL AO FUNK, O (NOVO) ENDEREÇO DOS BAILES

Então, deixa eles fazerem o funk deles, como deixava a crioulada fazer o soul. (DJ Aném)

Quando duas mãos se encontram, a sombra delas no chão é da mesma cor. (Tony Tornado)

Na segunda metade da década de 1970, a ditadura civil-empresarial-militar passou a dar sinais de exaustão. O chamado milagre econômico, que fez o Brasil crescer 10% ao ano e aumentar seu produto interno bruto em 14%, mostrava sua face cruel: o país entrava no governo do general Ernesto Geisel (1974-79) com uma desigualdade social recorde, resultado da contenção do salário dos trabalhadores e da brutal repressão aos sindicatos. A ditadura mostrava-se boa para os empresários e péssima para os trabalhadores. Soma-se a isso a crise econômica e a mobilização da sociedade civil contra os arbítrios dos militares.

Ficava claro para a sociedade que o golpe de 1964 não era em defesa da democracia, mas, antes disso, em nome de uma elite privilegiada que tinha nos militares seus mais destacados soldados. Passou-se então a uma lenta e controlada abertura política no governo Geisel, que relaxou a censura e as tentativas de controle sobre reuniões e ajuntamentos públicos, favorecendo o aparecimento de uma maior diversidade de expressões culturais. Em pouco tempo, as ruas estariam lotadas, pedindo eleições diretas para presidente da República.

Entretanto não era só o governo militar que entrava numa era de declínio. A própria Black Rio perdeu densidade social no final da década de 1970. O que ocorreu com aquele movimento que enchia seus bailes com seis, dez, quinze mil pessoas? As explicações dos atores das cenas são as mais variadas e por vezes confusas. Dom Filó culpa os militares e suas teorias conspiratórias, a discoteca e a Rede Globo pelo fim dos bailes:

> Essas maluquices de militares dizendo que a gente estava com dinheiro de fora etc. Conclusão: Midani (o produtor André Midani) teve que recuar, parou todo o projeto do soul e imediatamente fez um novo projeto para trazer uma nova tendência musical, que era a discoteca, o disco-funk, a Globo junto lançou uma novela chamada *Dancin' Days*, contratou o Nelson Motta, e pá: criaram As Frenéticas. O outro lado estava pronto, vamos derrubar o soul e criar um novo movimento musical, e isso foi feito com muita competência, porque eles são competentes.*

Para Gerson K. Combo, "estava tudo bem nos anos 1970, até que veio o Travolta com aquele piripipi da *discoteque*. Os bailes soul acabaram, a black music acabou, e, com ela, eu também."* DJ Neném, como sempre, foi categórico na sua afirmação: "[foi] a discotecagem que acabou com o soul":

> E tem um parêntese aí, o charme já é outra coisa, o que eu estou falando é antes do charme, é discoteca. Finalzinho do soul, porque foi a discoteca que começou a incomodar o soul. Discoteca mesmo, aquele bate-kun. Discoteca. Foi ela que começou a incomodar o soul. Aí o que aconteceu? O Corello era do soul, o Corello dançava soul, ele frequentava baile de soul, aí, de uma hora pra outra, ele parou de tocar aquilo e começou a tocar só discoteca, foi aí que a equipe Pop Rio cresceu e abriu frentes, igual à Furacão 2000, em tudo quanto era lugar, mas só tocando discoteca. *

DJ Acir da Cova* segue na mesma linha:

> Aí veio a discoteca, que todo mundo passou a tocar discoteca, todas as equipes. A Black Power foi a que mais surpreendeu,

passou a tocar discoteca, a Furacão 2000 também, a Cash Box também, e eu continuei tocando soul, e nessa época eu fazia o baile do York em Bonsucesso. Eu continuei tocando soul até onde deu, quando, realmente, eu não conseguia mais pagar as despesas, eu tive que a aderir à discoteca. Foi na época do John Travolta, quando eu aderi, já estava acabando a discoteca. Eu segurei o soul até onde deu, antes de começar o funk [...]. O Black Rio foi uma porta de entrada para outros ritmos e não foi efêmero, porque marcou e existe até hoje e se houvesse uma mídia em torno disso, ele retornaria.

Certamente, o surgimento do ambiente das discotecas contribuiu para encurtar o espaço da Black Rio na mídia e no mercado fonográfico. O sucesso do filme norte-americano, *Os embalos de sábado à noite*, estrelado por John Travolta e Karen Lynn Gorney, arrebatou milhões de jovens no mundo todo, em 1978. No mesmo ano, no Brasil, a novela *Dancin' Days*, escrita por Gilberto Braga e dirigida por Daniel Filho, espelhava uma geração que deixara de seguir as caixas de som para celebrar a vida em outras pistas de dança. Entretanto, mesmo que o mercado fechasse suas portas para a Black Rio, a juventude periférica carioca traçava seu caminho em direção ao funk. As boates, as discotecas com seus jogos de luzes estroboscópicas, globos de espelhos, pistas com chão luminoso, era uma realidade distante para os moradores das favelas, da Zona Norte e da Zona Oeste do Rio. O sucesso das discotecas e de suas trilhas sonoras representava um circuito econômico impeditivo para os herdeiros da Black Rio.

Mister Funky Santos, sete anos depois do primeiro baile totalmente black no clube Astória, decretava ao jornalista e compositor Rubens Confete (1977) "que era hora de mudar": "Santos com sua grande experiência observa que 'é hora de mudar'. O seu ouvido musical e o seu conhecimento adquirido nesses sete anos de batalha ampliaram a sua visão. E hoje o rapaz parte para a organização, produção e divulgação do funk tocado por músicos brasileiros."

Na realidade, a síntese que leva à decadência da Black Rio enquanto fenômeno social, cultural e musical de massa, envolve uma série de fatores: a Black Rio *x* a tradição (samba)/ modernidade (pós-bossa nova), a Black Rio *x* Ditadura, a Black Rio *x* a Disco/funk. A crítica dos formadores de opinião, a perseguição da ditadura, ambas fortalecidas por um racismo estrutural e a questão geracional, esvaziaram o sentido e o conteúdo político do movimento, engendrando novas formas de representação musical dos jovens negros periféricos. A Black Rio deixou de ser a novidade e seu público se pulverizou para outros nichos culturais. De fato, muitos dos bailes funk ocupam a mesma rota dos bailes soul: Magnatas, Renascença, Cassino Bangu, Mackenzie, Grêmio Recreativo de Rocha Miranda. A obra de MC Júnior e MC Leonardo - o "Endereço dos Bailes" - demonstra que os territórios dos bailes funk e do soul eram praticamente os mesmos:

> Vem Clube Íris, vem Trindade, Pavunense / Vasquinho de Morro Agudo e o baile Holly Dance / Pan de Pillar eu sei que a galera gosta / Signos, Nova Iguaçu, Apollo, Coelho da Rocha, é... / Vem Mesquitão, Pavuna, Vila Rosário / Vem o Cassino Bangu e União de Vigário / Balanço de Lucas, Creib de Padre Miguel / Santa Cruz, Social Clube, vamos zoar pra dedéu... Mas me desculpe, onde tem muita gatinha / É na favela da Rocinha, lá no Clube do Emoções / Vem Coleginho e a quadra da Mangueira [...].

Lembrando que o termo funk substituiu nos anos 1970, nos Estados Unidos, o termo soul, desgastado como um rótulo de mercado; funk virou orgulho negro e podia representar uma roupa, um bairro, um jeito de andar, uma forma de tocar música. Entretanto, no Brasil, ainda chamávamos de soul a música negra americana produzida na década. Só que o funk popularizado nas favelas e periferias cariocas, dos anos 80, é diferente do funk americano que compôs o receituário musical da Black Rio. Tem uma influência direta do *miami bass* e do *freestyle*. É um funk de sabor latino, mais sensual, caracterizado por uma batida repetitiva e constante, com pouca harmonia e melodias contidas em suas notas. Pois bem: o movimento funk ocupou as ruas e as favelas cariocas com suas letras cantadas em português e extremamente comunicativas. Essa mudança democratizou o acesso aos bailes para seus frequentadores, possibilitando que a diversão da juventude negra driblasse as constantes dificuldades financeiras. "É que de sexta a domingo na Rocinha / O morro enche de gatinha / Que vem pro baile curtir [...] É lá no baile do Leme lá no Morro do Chapéu / Tem na Tijuca um baile que é sem bagunça / A galera fica maluca lá no Morro do Borel". Para o empresário e criador da equipe Furacão

2000, Rômulo Costa, um aspecto que contribuiu para a popularidade da massa funkeira foi a música cantada em português:

> Nós fomos chamados lá na Secretaria de Segurança, e o Nilo Batista falou: "por que vocês não ensinam os garotos a cantar em português o dia a dia que eles vivem? Como é o dia deles aqui". Aí passamos, tinha um festival de galeras, e falamos: "O tema é X e tem que falar de cinco comunidades e de como é o dia a dia de vocês". O Nilo teve uma grande importância nisso, porque aí o funk passou a ser brasileiro, aportuguesado. Uma vez eu estava passando pela rua Vieira Souto e escutei (o som vinha de uma cobertura) o "Rap da Felicidade". Aí eu parei o carro, desliguei e falei: "Meu Deus do céu! O que eu quero é ser feliz, é andar tranquilamente na favela onde eu nasci". Aqui é o metro quadrado mais caro do mundo.*

O multiartista Tony Tornado faz uma comparação entre o público do funk e do soul:

> Hoje, quando os funkeiros fazem um movimento, colocam cinco, seis mil pessoas. Naquela época, colocávamos quinze mil! Chegamos a colocar 25 mil no Maracanãzinho, com as *72 Horas de Funk*, em que reuníamos todas as equipes do país e tocávamos três dias sem parar (PAIVA, 2001).

É claro que Tony Tornado puxava a brasa para o seu lado, para a sua história de vida. O fenômeno funk, na década de 1980, já arrastava mais de um milhão de jovens no Grande Rio para os seus bailes. Certamente não havia outra atividade de lazer para os jovens periféricos que reunia tanta gente.

A Black Rio, ou a Black Soul para seus protagonistas, fomentou uma geração de artistas talentosos da música brasileira, estimulou o surgimento do samba-soul e do samba-jazz, proporcionou com sua estrutura as "ondas" do funk carioca, dos blocos afros na Bahia e do hip-hop paulista. Mas, para alguns pesquisadores, o charme seria o seu principal herdeiro: mesma ambiência, mesmo perfil de público, ramificado em vários territórios da cidade, nas décadas de 1980 e 1990, definindo um novo caminho do R&B que privilegiava a harmonia e o ritmo cadenciado; um som mais para trás, de baladas mais lentas, românticas. Com uma estética corporal mantida na afirmação do orgulho negro, *black is beautiful*, seus frequentadores dançavam o passinho sincronizado, com vestimentas elegantes e coreografias elaboradas. Reza a lenda que foi no baile do Mackenzie que o DJ e dançarino Corello, ao microfone, imortalizou o bordão: "Chegou a hora do charminho, transe o seu corpo bem devagarinho" (PEIXOTO; SEBADELHE, 2016). Nascido e criado no morro da Coroa, no Catumbi, Marco Aurélio Ferreira, o DJ Corello, era pupilo de Mister Funky Santos e sempre foi inclinado a gostar e a ouvir mais Philadelphia e Slow (música lenta). Tocou nas equipes Brown Nunes, Vips, Black Filadélfia e Só Mix. A "equipe" da família Ferreira contava também com outro DJ que fez história na Black Rio e foi figura presente em nosso trabalho, o DJ Neném, irmão de Corello.

De toda forma, o funk, o hip-hop e o charme continuam colocando em evidência o *modus vivendi*, os corpos negros excluídos dos seus direitos básicos de acesso à cidade, isolados em territórios periféricos, submetidos a um cotidiano de labor, violência e pobreza. Para o soulman Tony Tornado, a luta contra o racismo, o braço esticado para o alto, em alusão aos Panteras Negras, permanece atual. Na Virada Cultural de São Paulo, em 2016, aos 84 anos, Tony mantinha a sua força de "preto tu":

> Tony Tornado, o mais aguardado da noite, cantou com seu filho Lincoln sucessos como "BR-3" e "Sou Negro". Durante a apresentação, o cantor de 84 anos discursou contra o racismo: "quando duas mãos se encontram, a sombra delas no chão é da mesma cor". Lincoln, elogiado pelo pai um par de vezes, seguiu o mesmo discurso de valorização da cultura negra. Atrás da dupla, que não fez discurso político, um telão piscava com a mensagem "Fora Temer" (SOARES, 2016).

Referências

ALBERTO, Paulina. When Rio Was black: Soul Music, National Culture, and the Politics of Racial Comparison in 1970s Brasil. *Hispanic American Historical Review*, Durham, Carolina do Norte: Duke University Press, 2009.

ALEXANDRE, Ricardo. *Nem vem que não tem* - A vida e o veneno de Wilson Simonal. São Paulo: Globo, 2009.

ALONSO, Gustavo. *Quem não tem swing morre com a boca cheia de formiga*. Wilson Simonal e os limites de uma memória tropical. Rio de Janeiro: Record, 2011.

ALMEIDA, Silvio. *Racismo Estrutural (Feminismos Plurais)*. São Paulo: Sueli Carneiro; Pólen, 2019.

ARAÚJO, Paulo César de. *Eu não sou cachorro, não*: música popular cafona e ditadura militar. São Paulo: Record, 2002.

ASSEF, Claudia. *Todo DJ já sambou*: a história do disc-jóquei no Brasil. São Paulo: Conrad, 2003.

BAHIANA, Ana Maria. Importação e assimilação: rock, soul, discotheque. In. BAHIANA, Ana Maria; WISNIK, José Miguel; AUTRAN, Margarida. *Anos 70* - Música Popular. Rio de Janeiro: Europa, 1980.

BARBOSA, Jorge Luiz. *Cultura e Território*. Rio de janeiro: Lumens Juris, 2018

BARBOSA, Jorge Luiz; DA SILVA, Monique Bezerra. *Estações Musicais da Leopoldina*. Rio de Janeiro: Observatório de Favelas, 2018.

BONNEMAISON, Joël. Viagem em torno do território. In: CORREA, Roberto L.; ROSENDAHL, Zeny. *Geografia cultural*: um século (3). Rio de Janeiro: Eduerj, 2002.

BECKER, Howard. *Uma teoria da ação coletiva*. Rio de Janeiro: Zahar, 1977.

BOSI, Eclea. *Memória e sociedade*. São Paulo: Cia das letras, 1995.

BRACKETT, David. *New Grove Dictionary of Music and Musicians*. Londres: Macmillan, 2001.

BUSCÁCIO, Gabriela Cordeiro. *"A chama não se apagou"*: Candeia e a Gran Quilombo, movimentos negros e escolas de samba nos anos 70. 2005. Dissertação (Mestrado em História) - Programa de Pós-Graduação em História, Instituto de Ciências Humanas e Filosofia da Universidade Federal Fluminense, Niterói, 2005.

CANCLINI, Néstor Garcia. *A globalização imaginada*. São Paulo: Iluminuras, 2007.

CANCLINI, Néstor Garcia. *Consumidores e cidadãos*. Rio de Janeiro: Ed. UFRJ, 2008.

CANDEIA, Antônio; ARAÚJO, Isnard. *Escola de Samba* - árvore que perdeu a raiz. Rio de Janeiro: Editora Lidador e SEEC - RJ (Secretaria de Estado de Educação e Cultura do Rio de Janeiro), 1978.

CLAVAL, Paul. *Geografia Cultural*. 3.ed. Florianópolis: Ed. da UFSC, 2007.

CORRÊA, Aureanice de Melo. *Irmandade da Boa Morte como manifestação cultural afro-brasileira*: de cultura alternativa à inserção global. 2004. 323 f. Tese (Doutorado em Geografia) - Programa de Pós-Graduação em Geografia, Universidade Federal do Rio de Janeiro, Rio de Janeiro, 2004.

DAPIEVE, Arthur. *BRock*: o rock brasileiro dos anos 80. São Paulo: Editora 34, 1995.

DINIZ, André. *Almanaque do Samba*: A história do samba, o que ouvir, o que ler, onde curtir. Rio de Janeiro: Zahar, 2010.

ESSINGER, Silvio. *Batidão*: uma história do funk. Rio de Janeiro: Record, 2005.

FERNANDES, Nelson da Nóbrega. *O rapto ideológico da categoria subúrbio*: Rio de Janeiro 1858\1945. Rio de Janeiro: Apicuri, 2001.

FOUCAULT, Michel. *O corpo utópico*: as heterotopias. São Paulo: N-1 Edições, 2013.

FRANK, Robert. "La mémoire et l'histoire. In: *Le cahiers de l'IHTP,* (21), 1992.

FRAY, Peter. *Pra inglês ver*. Rio de Janeiro: Zahar, 1982.

FROES, Marcelo. *Jovem Guarda em ritmo de aventura*. São Paulo: Editora 34, 2000.

GIACOMINI, Sonia Maria. *A alma da festa*. Família, etnicidade e projetos num clube social da Zona Norte do Rio de Janeiro - o Renascença Clube. Belo Horizonte: Editora UFMG; Rio de Janeiro: IUPERJ, 2006.

GILROY, Paul. *O Atlântico Negro*: modernidade e dupla consciência. São Paulo: Editora 34, 2012, p. 25.

GOMES, Paulo Cesar da Costa. Cenários para a Geografia: sobre a espacialidade das imagens e suas significações. In: CORRÊA, R. L.; ROSENDAHL, Z. (Orgs.). *Espaço e cultura*: pluralidade temática. Rio de Janeiro: Eduerj, 2008.

GUARINELLO, Luiz Roberto. *Festa*: cultura e sociedade na América Portuguesa. São Paulo: Hucitec/Fapesp, vol.2, 2001

GUERREIRO, Goli. *A trama dos tambores*: a música afro-pop de Salvador. São Paulo: Ed. 34, 2010, p. 87.

HALL, Stuart. *Da diáspora*: identidades e mediações culturais. Belo Horizonte: Editora da UFMG; Brasília, DF: Representação da UNESCO no Brasil, 2003.

HANCHARD, Michel. *Orfeu e Poder*. Movimento Negro no Rio e São Paulo. Rio de Janeiro: EdUERJ/UCAM-Centro de Estudos Afro-Asiáticos, 2001.

HASENBALG, Carlos. *Discriminação e desigualdades raciais no Brasil*. Rio de Janeiro: Graal, 1979.

HEBDIGE, D. *Subculture*: The Meaning of Style. London: Routledge, 1979.

JANOTTI JR., Jeder Silveira. *Por uma análise midiática da música popular massiva*: uma proposição metodológica para a compreensão do entorno comunicacional, das condições de produção e reconhecimento dos gêneros musicais. E-Compós (Brasília), v. 1, 2006.

JOHNSON, R. *O que é, afinal, estudos culturais?* Belo Horizonte: Autêntica, 1999.

KILOMBA, Grada. *Memórias da plantação*: episódios de racismo cotidiano. Rio de Janeiro: Cobogó, 2019.

LEFEVRE, Henri. *La production de l'espace*. Paris: Anthropos, 1991.

LIMA, Carlos Eduardo de Freitas. *Black Rio contra o sistema*: considerações sobre autenticidade e combate à ditadura civil-militar (1970-1977). Anais do XVIII Encontro Internacional de História da Anpuh-Rio: História e Parcerias, 2018.

LIMA, Carlos Eduardo de Freitas. *Sou negro e tenho orgulho!* Política, identidades e música negra no Rio de Janeiro (1960-1980). 2017. Dissertação (Mestrado em História) - Instituto de História, Universidade Federal Fluminense, Niterói, 2017.

PEDRETTI, Lucas. *Bailes soul, ditadura e violência nos subúrbios cariocas na década de 1970*. 2018. Dissertação (Mestrado em História) - Programa de Pós-Graduação em História Social da Cultura, do Departamento de História do Centro de Ciências Sociais da PUC-Rio, Rio de Janeiro, 2018.

LOPES, Nei; SIMAS, Luiz Antonio. *Dicionário da história social do samba*. Rio de Janeiro: Civilização Brasileira, 2015.

LOPES, Nei. *Enciclopédia brasileira da diáspora africana*. São Paulo: Selo Negro, 2004.

LOPES, Nei. *Dicionário da Hinterlândia Carioca*: Antigos "subúrbios" e "zona rural". Rio de Janeiro: Pallas Editora, 2012.

LOPES, Nei. *Guimbaustrinho e outros mistérios suburbanos*. Rio de Janeiro: Dantes, 2001.

LOPES, Nei. *Sambeabá, o samba que não se aprende na escola*. Rio de Janeiro, Folha Seca/Casa da Palavra, 2003.

LOPES, Nei. *Afro-Brasil reluzente*: 100 personalidades notáveis do século XX. Rio de Janeiro: Nova Fronteira, 2019.

MATTOS, Sérgio. O impacto sócio-econômico e político no desenvolvimento da televisão. In: _______. *A televisão no Brasil*: 50 anos de história (1950-2000). Salvador: EditoraPAS/Edições Ianamá, 2001.

McCRACKEN, Grant. *Cultura e Consumo: novas abordagens ao caráter simbólico dos bens e das atividades de consumo*. Rio de Janeiro: Mauad, 2003.

MORELLI, Rita. *Indústria fonográfica um estudo antropológico*. Campinas: UNICAMP, 2009.

MELLO, Zuza Homem de. *A Era dos Festivais, uma parábola*. São Paulo: Editora 34, 2003.

MÉO, Guy Di. *La Géographie em Fêtes*. Paris: Ophrys, 2001.

MILLER, Daniel. *Trecos, troços e coisas*: estudos antropológicos sobre cultura material. Rio de Janeiro: Zahar, 2013.

MOURA, Roberto. *Tia Ciata e a pequena África no Rio de Janeiro*. Rio de Janeiro: Departamento Geral de Documentação e Informação Cultural/Prefeitura do Rio de Janeiro, 1995.

MOURA, Roberto M. *No princípio, era roda*: um estudo sobre samba, partido-alto e outros pagodes. Rio de Janeiro: Editora Rocco, 2004.

MUMFORD, Lewis. *A cidade na História*. Belo Horizonte: Itatiaia, 1965.

MUSSA, Alberto; SIMAS, Luiz Antonio. *Samba de enredo*: história e arte. Rio de Janeiro: Civilização Brasileira, 2010.

NAPOLITANO, Marcos. *A Música Popular Brasileira (MPB) nos anos 70*: resistência política e consumo cultural. In: Actas del IV Congresso Latinoamericano de la Asociación Internacional para el estúdio de la Música Popular, Cidade do México, abril de 2002.

NAPOLITANO, Marcos. *Seguindo a canção* - engajamento político e indústria cultural na MPB (1959-1969). São Paulo: Annablume/ED. Fapesp, 2001.

NAVES, Santuza Cambraia. *Canção popular no Brasil*: a canção crítica. Rio de Janeiro: Civilização Brasileira, 2010.

OLIVEIRA, Iris Agatha de. *Black Soul e "Samba de Raiz":* convergências e divergências do movimento negro no Rio de Janeiro (1975-1985). 2014. Dissertação (Mestrado em Memória Social) - Programa de Pós-Graduação em Memória Social da Universidade Federal do Estado do Rio de Janeiro, Rio de Janeiro, 2014.

OLIVEIRA, Luciana Xavier de. *A cena musical da Black Rio*: estilos e mediações nos bailes soul dos anos 1970. Salvador: EDUFA, 2018.

ORTIZ, Renato. *A moderna tradição brasileira* - cultura brasileira e indústria cultural. São Paulo: Brasiliense, 2001.

ORTIS, Renato. *Cultura brasileira e identidade nacional*. São Paulo: Brasiliense, 1985.

PEIXOTO, Luiz Felipe de Lima; SEBADELHE, Zé Octávio. *1976 Movimento Black Rio*. Rio de Janeiro: José Olympio, 2016.

RIBEIRO, Rita Aparecida da Conceição. *Identidade e resistência no urbano*: o quarteirão do soul em Belo Horizonte. 2008. Tese (Doutorado em Geografia) - Instituto de Geociência, Universidade Federal de Minas Gerais, Minas Gerais, 2008.

RISÉRIO, Antonio. *Carnaval Ijexá*: notas sobre afoxés e blocos do novo carnaval afro--baiano. Salvador: Corrupio, 1981.

SACK, Robert David. *Human territoriality*: its tneory and history. Cambridge: Cambridge University Press. 1986.

SANTOS, Boaventura de Sousa. *O fim do império cognitivo*: a afirmação da epistemologia do sul. Belo Horizonte: Autêntica Editora, 2019.

SANTOS, Carlo Nelson Ferreira. Transportes de Massa - Condicionadores ou condicionados? *Revista de Administração Municipal*, Rio de Janeiro, set/out. 1977.

SILVEIRA, Valdomiro. *Mixuangos*. Rio de Janeiro: J. Olympio, 1937.

SIMAS, Luiz Antonio; CUNHA, Diogo. *Princípio do infinito*: um perfil biográfico de Luiz Carlos da Vila. Rio de Janeiro: Numa, 2018.

SIMAS, Luiz Antonio. *Tantas páginas belas*: Histórias da Portela. Rio de Janeiro: Verso Brasil Editorial, 2012.

SIQUEIRA André Iki. *João Saldanha*: uma vida em jogo. Rio de Janeiro: Companhia Editorial, 2007.

SMITH, R. J. *James Brown, sua vida, sua música*. São Paulo: Leya, 2012.

SODRÉ, Muniz. *Samba, o dono do corpo*. Rio de Janeiro: Mauad, 1998.

SOJA, Edward W. *The political Organization of Space*. Washington, D.C: AAG Comission on College Geography. 1971.

TAVARES, Júlio Cesar. *Dança da Guerra*. Belo Horizonte: Nandyala, 2012.

YÚDICE, George. *A conveniência da cultura*: usos da cultura na era global. Belo Horizonte: Editora UFMG, 2006.

VIANNA, Hermano. *O mundo do funk carioca*. Rio de Janeiro: Jorge Zahar, 1988.

VOGEL, Arno; SANTOS, Carlos Nelson F. dos. *Quando a rua vira casa* - a apropriação de espaços de uso coletivo em um centro de bairro. Rio de Janeiro, Centro de Pesquisas Urbanas do IBAM, patrocínio da Financiadora de Estudos e Projetos - FINEP - com recurso do Fundo Nacional de Desenvolvimento Científico e Tecnológico (FNDCT).

INTERNET

BRYAN, Guilherme. Referência para funk carioca, movimento Black Rio se renova aos 40 anos. *Música UOL*, São Paulo, 26 de julho de 2016. Disponível em: https://musica.uol.com.br/noticias/redacao/2016/07/26/referencia-para-funk-carioca-movimento-black-rio-se-renova-aos-40-anos.htm?cmpid=copiaecola. Acesso em: 20 nov. 2018.

CARDOSO, João Lucas. *Entrevista*: Paulo Cezar Caju supera vício sem perder a contundência de opiniões. DC Clicrbs em 7 de maio de 2018. Disponível em: http://dc.clicrbs.com.br/sc/esportes/noticia/2018/05/entrevista-paulo-cezar-caju-supera-vicio-sem-perder-a-contundencia-de-opinioes-10331000.html. Acesso em: 22 maio 2018.

CAVALO DE AÇO. *Memória Globo*. Disponível em: http://memoriaglobo.globo.com/programas/entretenimento/novelas/cavalo-de-aco/figurino-e-caracterizacao.htm. Acesso em: 31 set. 2018.

DITADURA perseguiu até bailes black no Rio de Janeiro. *Geledés*: Instituto da Mulher Negra, São Paulo, 13 de julho de 2015. Disponível em: https://www.geledes.org.br/ditadura-perseguiu-ate-bailes-black-no-rio-de-janeiro/. Acesso em: 20 nov. 2018.

GIL, Gilberto. Entrevista de Gilberto Gil ao site: www.gilbertogil.com.br. Disponível em: http://www.gilbertogil.com.br/sec_disco_info.php?id=13&texto. Acesso em: 20 abr. 2018.

LIMA, Carlos Eduardo. Cadê: Caetano Veloso e Banda Black Rio - Bicho Baile Show (1978): Disco marca o encontro ao vivo de nomes de peso da MPB, e ainda assim é esquecido. *Monkey Buzz*, 3 de fevereiro de 2014. Disponível em: https://monkeybuzz.com.br/materias/cade-caetano-veloso-e-banda-black-rio-bicho-baile-show-1978/. Acesso em: 20 abr. 2018.

LOPES, Nei. *Samba fica muito triste sem "Sapato"*. Meu Lote. Rio de Janeiro, 21 de janeiro de 2015. Disponível em: http://neilopes.com.br/2015/01/21/samba-fica-muito-triste-sem-sapato/. Acesso em: 22 dez. 2018.

OLIVEIRA FILHO, Asfilófio de; CARDOSO, Edson; MEDEIROS, Carlos Alberto. Black Rio, Filó: uma nova postura do negro, num contexto de repressão e autoritarismo. *Ìrohìn*, Brasília, 2 nov. 2009. Republicação do Círculo Palmarino em nov. 2010, armazenada no site Proibidão.org. Acesso em: 23 dez. 2018.

PEDRETTI, Lucas. Dançando sob a mira do DOPS: bailes soul, racismo e ditadura nos subúrbios cariocas nos anos 1970. *História da Ditadura*, 7 de janeiro de 2017. Disponível em: https://www.historiadaditadura.com.br/destaque/dancando-sob-a-mira-do-dops-bailes-soul-racismo-e-ditadura-nos-suburbios-cariocas-nos-anos-1970/. Acesso em: 20 jan. 2018.

ROSA, Rodrigo. Dança do Catumbi será registrada como patrimônio cultural de Santa Catarina. *Fundação Catarinense de Cultura*, Santa Catarina, 18 de dezembro de 2018. Disponível em: http://www.cultura.sc.gov.br/noticias/21499-danca-do-catumbi-sera-registrada-como-patrimonio-cultural-de-santa-catarina. Acesso em: 23 jun. 2019.

SCHPREJER, Pedro. Black subversivo. *Jornal GGN*, 30 de novembro de 2009. Disponível em: https://jornalggn.com.br/musica/vai-comecar-o-baile-black/. Acesso em: 1º jun. 2019.

VILLAÇA, Nízia. A cena do corpo comunicativo. *Ethos* - comunicação, comportamento e estratégias corporais. Disponível em: http://www.grupoethos.net/artigos/ACENA.pdf. Acesso em: 30 mar. 2016.

REVISTAS E PERIÓDICOS

BAHIANA, Ana Maria. Importação e assimilação: rock, soul, discotheque. In. BAHIANA, Ana Maria; WISNIK, José Miguel; AUTRAN, Margarida. *Anos 70* - Música Popular. Rio de Janeiro: Europa, p. 41-51, 1980.

BENNETT, Andy; KAHN-HARRIS, Keith. Introduction. In: BENNETT, Andy & KAHN-HARRIS, Keith (eds.). *After subculture:* critical studies in contemporary youth culture. New York: Palgrave Macmillan, 2004, p. 1-18.

BLACK-RIO MUDANDO, breve em São Paulo. *Folha de São Paulo*, São Paulo, 7 de dezembro de 1976, p. 39.

Black Rio. *Revista Veja*, São Paulo, 24 de novembro de 1976.

FERRAZ, Ana. Tempestade de suingue de Tony Tornado. *Revista Carta Capital,* São Paulo, 20 de julho de 2015. Disponível em: http://substantivoplural.com.br/new/tempestade-de-suingue-de-tony-tornado/. Acesso em: 31 ago. 2018.

FORA com os racistas. *Jornal Correio Braziliense,* Brasília, 15 de fevereiro de 1977, p. 5.

O SOUL do grito negro à caderneta de poupança. *Jornal do Brasil,* Rio de Janeiro, 3 de agosto de 1976, Caderno B, p. 5.

PALOMBINI, Carlos. Soul brasileiro e funk carioca. *Opus*, v. 1, n. 15, p. 37-61, 2009. Redação.

RIBEIRO, Rita Aparecida da Conceição. Errância e exílio na soul music: do movimento Black Rio nos anos 70 ao Quarteirão do Soul em Belo Horizonte, 2010. *Tempo e Argumento*, Florianópolis, v. 2, n. 2, p. 154-180, 2010.

LOPES, Fabiano Luis Bueno. O Brasil no deserto. *Jornal GGN*, São Paulo, 2 de março de 2011. Disponível em: https://jornalggn.com.br/historia/brasileira/o-batalhao-de-suez/. Acesso em: 20 maio 2018.

MARSIGLIA, Luciano. Movimento Black Rio: desarmado e perigoso. *Revista Superinteressante*, São Paulo, 31 de outubro de 2004. Disponível em: https://super.abril.com.br/cultura/o-movimento-black-rio-desarmado-e-perigoso/. Acesso em: 2 mar. 2018.

MCCANN, Bryan. Black Pau: uncovering the history of Brazilian soul. *Jornal of Popular Music Studies*, Oakland, n. 14, p. 34, 2002.

OLIVEIRA, Iris Agatha de. Black Rio 40 anos: O Movimento Negro na ditadura militar. *Revista Morpheus,* v. 9, n. 16, p. 44-59, ago.\dez. 2016.

OLIVEIRA, Luciana Xavier de. Cenas musicais, experiências identitárias e práticas de consumo: os bailes blacks no Rio de Janeiro. *IS Working Paper*, s. 3, n. 9, 2005.

OSTENDORF, Berndt. Celebration of Pathalogy? Commodity or Art? The Dilemma of African-Amerian Expressive Culture. *Black Music Research Journal*, Champaigen, v. 20, n. 2, p. 217-236, 2000.

PAIVA, Fred Mello. Páginas negras. *Revista Trip,* São Paulo, 1 de junho de 2001. Disponível em: https://revistatrip.uol.com.br/trip/entrevista-com-tony-tornado-nas-paginas-negras. Acesso em: 31 ago. 2018.

PALOMBINI, Carlos. Soul brasileiro e funk carioca. *Opus*, Goiânia, v. 15, n. 1, p. 37-61, jun. 2009.

STRAW, Will. Systems of Articulation, Logics of Change: Communities and Scenes in Popular Music. *Cultural Studies*, v. 5, n. 3, 1991.

TARLIS, Batista. Gilberto Gil exclusivo: agosto de 1976. *Revista Manchete*, Rio de Janeiro, 21 de agosto de 1976.

TINOCO, Pedro. Clube do Samba. *Revista Veja*, São Paulo, 27 fevereiro de 2014, Blog Solta o Som. Disponível em: https://vejario.abril.com.br/blog/solta-o-som/clube-do-samba/. Acesso em: 21 dez. 2018.

THAYER, Allen. Brazilian Soul and DJ Culture's Lost Chapter. *Wax Poetics*, n. 16, 2006.

ULLOA, Alejandro Sanmiguel. El baile: un lenguaje del cuerpo. *Revista Contracampo*, publicada pelo Programa de Pós-Graduação em Comunicação da Universidade Federal Fluminense, 40 anos de understanding, edição especial, número duplo, v. 10 \ 11, Rio de Janeiro, 2004.

ENTREVISTAS

ANDRADE, Zezynho. Entrevista ao autor em 2 de agosto de 2019.

BROWN, Jorge. Entrevista ao filme *Trem do Soul* em 10 de abril 2020.

CARDOSO, Francisca. Entrevista ao filme *Trem do Soul* em 10 de abril de 2020.

CASH BOX, Marcão da. Entrevista ao autor em 14 de janeiro de 2018.

COMBO, Gerson King. Entrevista ao autor em 21 de abril de 2018.

CONCEIÇÃO, Francinice Cardoso. Entrevista ao filme *Trem do Soul* em 10 de abril 2020.

COVA, Acir Júnior da. Entrevista ao autor em 6 de outubro de 2018.

CORRÊA, Aureanice Melo. Entrevista ao autor em 10 de setembro de 2019.

COSTA, Romulo. Entrevista ao autor em 22 de abril de 2019.

CRUZ, Marquinho de Oswaldo. Entrevista ao autor em 10 de março de 2018.

DAFÉ, Carlos. Entrevista ao autor em 27 de setembro de 2018.

DEMA, DJ. Entrevista ao autor em 8 de janeiro de 2019.

FILÓ, Dom. Entrevista ao Acervo CEV-Rio em 7 de agosto de 2015.

FILÓ, Dom. Entrevista ao autor em 20 de novembro de 2018.

FUNK GIL, Gilvan de Paula, DJ. Entrevista ao autor em 24 de janeiro de 2019.

LOPES, Cássia. Entrevista ao filme *Trem do Soul* em 8 de março de 2020.

MARAMBAIA, DJ. Carlinhos Entrevista ao autor em dia 20 de março de 2018.

MEDEIROS, Carlos Alberto. Carlos Alberto Medeiros (depoimento, 2004). Rio de Janeiro, CPDOC/Fundação Getúlio Vargas (FGV), (2h50min). Entrevistador(es): Amilcar Araujo Pereira; Verena Alberti. Esta entrevista foi realizada na vigência do convênio entre SOUTH EXCHANGE PROGRAMME FOR RESEARCH ON THE HISTORY OF DEVELOPMENT (SEPHIS). Disponível em: http://www.fgv.br/cpdoc/historal/arq/Entrevista1203.pdf. Acesso em: 30 maio 2021.

NAZZ, Carlos Henrique Vieira Machado, DJ. Entrevista ao autor em 22 abril de 2018.

NENÉM, DJ. Entrevista ao autor em 21 de março de 2019.

OLIVEIRA, Mônica Andrea. Entrevista ao filme *Trem do Soul* em 20 de abril de 2020.

POWER, Paulinho Black. Entrevista ao autor em 19 de agosto de 2018.

SANTOS, Maria de Lourdes Pereira (Lourdinha). Entrevista ao filme *Trem do Soul* em 10 de abril de 2020.

SILVEIRA, Jailson da. DJ e dançarino. Entrevista ao autor em 19 de março de 2018.

TORNADO, Tony: "Quando duas mãos se encontram, reflete no chão a sombra da mesma cor". *Revista Mais 60* - estudos sobre envelhecimento. SESC. São Paulo, v. 28, n. 69, p. 93, dez. 2017. Disponível em: https://www.sescsp.org.br/files/artigo/f61d82dd/46b5/48d6/866a/eb10bec8359d.pdf. Acesso em: 31 ago. 2018.

HEMEROGRAFIA

ATHAYDE, Antônio Carlos. João Nogueira convoca para resistência. Clube do Samba começa a se reunir depois do carnaval. *Jornal do Brasil,* Rio de Janeiro, Caderno B, 10 de janeiro de 1979.

BLACK Panthers Gealtest Threat to U.S. Security. The Desert Sun. Califórnia, 16 de julho de 1969. Disponível em: https://cdnc.ucr.edu/?a=d&d=DS19690716.2.89&e=-------en--20--1--txt-txIN--------1. Acesso em: 20 maio 2018.

BLACK-Rio. *Jornal Folha de São Paulo*, São Paulo, 17 de julho de 1977.

BLACK-Rio mudando, breve em São Paulo. *Jornal Folha de São Paulo,* São Paulo, 7 de dezembro de 1976.

CAJU, Paulo Cezar. Só a educação salva o futebol. *Jornal O Globo,* Rio de Janeiro dia 28/04/2014. Disponível em: https://blogs.oglobo.globo.com/blog-do-caju/post/so-educacao-salva-futebol-534057.html. Acesso em: 22 maio 2018.

CARDOSO, Jary. A raça de Elza na dança e na voz. *Jornal Folha de São Paulo,* São Paulo, 11 de dezembro de 1977.

CONFETE, Rubem. Um disco histórico e natural. *Jornal Tribuna da Imprensa*, Rio de Janeiro, 25 de julho de 1977, Música Popular.

CONFETE, Rubem. Santos e o Soul no Brasil. *Tribuna da Imprensa*, Rio de Janeiro, 31 de março de 1977.

DA ÁFRICA conta o cineasta multinacional. *Jornal do Brasil*, Rio de Janeiro, Caderno B, 23 de fevereiro de 1978.

DE LEVE. Black Power in Brasil. *Jornal O Glob*,. Rio de Janeiro, 1 de outubro de 1977.

EM 68, Caetano e Gil são presos em SP; em 69, são exilados. *Jornal Folha de São Paulo*, São Paulo, 23 de agosto de 2002, Ilustrada. Disponível em: https://www1.folha.uol.com.br/folha/ilustrada/ult90u26785.shtml. Acesso em: 20 dez. 2018.

ENTREVISTA Ademir Lemos, *Jornal da Música*, Rio de Janeiro, 1977.

ESSINGER, Silvio. Sucesso na década de 1970, o cantor Carlos Dafé volta à cena. *Jornal O Globo*, Rio de Janeiro, 22/10/2012 - 07:00 / Atualizado em 22/10/2012 - 12:13. Disponível em: https://oglobo.globo.com/cultura/sucesso-na-decada-de-1970-cantor-carlos-dafe-volta-cena-6473084. Acesso em: 20 abr. 2018.

ESSINGER, Silvio. Os 70 anos black de Gerson King Combo. *Jornal O Globo*, Rio de Janeiro, 28 de novembro de 2013. Disponível em: https://oglobo.globo.com/cultura/os-70-anos-black-de-gerson-king-combo-10901735. Acesso em: 1º jun. 2019.

ESSINGER, Silvio. Mito do samba, Candeia revive em um mês de homenagens. *Jornal O Globo*, Rio de Janeiro, 6 de fevereiro de 2014. Disponível em:

https://oglobo.globo.com/cultura/mito-do-samba-candeia-revive-em-um-mes-de-homenagens-11514743. Acesso em: 21 mar. 2018.

ESSINGER, Silvio. Black Rio: Exposição, documentário e livro resgatam histórias do movimento Fenômeno pôs a Zona Norte do Rio para dançar ao som de James Brown nos anos 1970. *Jornal O Globo*, Rio de Janeiro, 30 de junho de 2016. Disponível em: https://oglobo.globo.com/cultura/black-rio-exposicao-documentario-livro-resgatam-historias-do-movimento-19611956. Acesso em: 2 mar. 2015.

FAWCETT, Thomas. *Projeto Brazil Soul Power*. Disponível em: www.brazilsoulpower.com.

FORA com os racistas. *Jornal Correio Braziliense*, Brasília, 15 de fevereiro de 1977.

FREYRE, Gilberto. Atenção, brasileiros! *Jornal Diário de Pernambuco,* Recife, 15 de maio de 1977.

FRIAS, Lena. Black Rio: o orgulho (importado) de ser negro no Brasil. *Jornal do Brasil*, Rio de Janeiro, 17 de julho de 1976. Caderno B.

GALDO, Rafael; OLIVEIRA, Renata; AMAZONAS, Roberta. Viradouro: orgulho de ser Niterói. Vermelho e branca busca se manter na elite. *Jornal O Globo*, Rio de Janeiro, 19 de janeiro de 2016. Disponível em: https://oglobo.globo.com/rio/carnaval/2015/viradouro-orgulho-de-ser-niteroi-15061687. Acesso em: 22 abr. 2019.

GIRON, Luís Antônio. James Brown se intitula o "pai do rap". *Folha de São Paulo*, São Paulo. Ilustrada, 21 de outubro de 1994. Disponível em: https://www1.folha.uol.com.br/fsp/1994/10/21/ilustrada/1.html. Acesso em: 20 abr. 2018.

GULLAR, Ferreira. Visão da Terra em debate. *Jornal do Brasil,* Rio de Janeiro, 4 de junho de 1977.

MARIA, Júlio. "Deus negro" recontado: Em rara entrevista, Tony Tornado lembra histórico de resistência durante a ditadura. *Jornal O Estado de São Paulo,* São Paulo, 19 de novembro de 2013. Disponível em: https://cultura.estadao.com.br/noticias/musica,deus-negro-recontado-imp-,1098244. Acesso em: 31 ago. 2018.

MILLÔR, Fernandes. Rua tal, praça por aí assim, número sem, apartamento de cima, não sei onde. *Jornal do Brasil*, Rio de Janeiro, 6 de janeiro de 2002. Caderno B.

MOTTA, Nelson. Ano novo, música nova? Talvez, no subúrbio do Rio. *Jornal O Globo*, Rio de Janeiro, 2 de janeiro de 1977. Caderno de Domingo.

MOURA, Roberto M. "Carta aberta ao Black Rio." O fim da citação de Gonzales a Batista também sugere um retorno ao samba. BATISTA, Tarlis. "Os blacks no embalo do soul". Cf. *Pasquim*, 2-8 de setembro de 1977.

NASCIMENTO, Rosa. Black Rio. *Jornal do Brasil,* Rio de Janeiro, 22 de julho de 1977, Cartas, Caderno B.

OLIVEIRA, Flávia. Ditadura perseguiu até bailes black. *Jornal O Globo*, Rio de Janeiro, 11 de julho de 2015. País.

O SOUL do grito negro à caderneta de poupança. *Jornal do Brasil*, Rio de Janeiro, 3 de agosto de 1976.

RANULPHO, Waldinar. Cinelândia será palco do primeiro panorama de arte negra. *Jornal Luta Democrática*, Rio de Janeiro, 7 de janeiro de 1980, Sambas & Outras Coisas.

RANULPHO, Waldinar. Como eles explicam, mas não justificam. *Jornal Luta Democrática*, Rio de Janeiro, 30 de abril e 1 e 2 de maio de 1977, Sambas e Outras Coisas.

RATTON, Artur. As aventuras de um jovem Tim Maia na América. *Jornal Gazeta do Povo,* São Paulo, 29 set. 2012. Disponível em: https://www.gazetadopovo.com.br/caderno-g/as-aventuras-de-um-jovem-tim-maia-na-america-3y14kc6vp4nql27fexbgzxd1q/. Acesso em: 20 maio 2018.

RODRIGUES, João Carlos. Rio uma imitação ou uma saída cultural. *Jornal Folha de São Paulo,* São Paulo, Folha Ilustrada, 23 de março de 1977.

SANCHES, Pedro Alexandre. O soul brasileiro ainda respira. Quatro dos maiores nomes da black music nacional, Cassiano, Hyldon, Sandra de Sá e Cláudio Zoli, se reúnem a convite da Folha para discutir o futuro do gênero musical no Brasil. *Folha de São Paulo*, São Paulo, segunda, 12 de outubro de 1998, Ilustrada. Disponível em: https://www1.folha.uol.com.br/fsp/ilustrad/fq12109804.htm. Acesso em: 2 jun. 2021

SANTOS, Joaquim Ferreira dos. Dançando mole ao som do "break". *Jornal do Brasil,* Rio de Janeiro, Modismo, Caderno B, 28 de março de 1984.

SOARES, Bianca. Em palco dos mestres da Soul, Tony Tornado discursa contra o racismo. *Folha de São Paulo*, São Paulo, 22 maio 2016. Ilustrada. Disponível em: http://www1.folha.uol.com.br/ilustrada/2016/05/1773902-em-palco-dos-mestres-da-soul-tony-tornado-discursa-contra-o-racismo.shtml. Acesso em: 20 jun. 2016.

TINHORÃO, José Ramos. Quatro grandes juntos fazem um disco maior. *Jornal do Brasil,* Rio de Janeiro, 24 de junho de 1977, Música Popular, Caderno B.

FILMES E DOCUMENTÁRIOS

1976: Movimento Black Rio: os 40 anos de Black Rio, de Bruno Nunes Gonçalves, Luiz Felipe de Lima Peixoto e José Otávio Sabadelhe. (Brasil, doc, 12 min, cor, 2016).

Ali - aos olhos do mundo, de Phil Grabsky (EUA, doc, 109 min, cor, 2001).

Candeia, de Luiz Antonio Pilar (BRA, 97 min, cor, 2018).

Catumbi - uma tradição negra, de Zeca Nunes Pires (BRA, 20 min, cor, 1988).

Erlon Chaves, o maestro do veneno, de Alessandro Gamo (BRA, 76 min, cor, 2018.

Infiltrado na Klan, de Spike Lee (EUA, policial, 136 min, cor, 2018).

Martin Luther King: um homem marcado, de Edward Cotterill. (Inglaterra, doc, 52 min, cor, 2018).

O pai da Black Music, Reginald Hudlin. (EUA, doc, 118 min, cor, 2019)

Os Panteras Negras: Vanguarda da Revolução, de Stanley Nelson. (EUA, doc, 105 min, cor, 2015).

Refavela 40, Mini Kerti (BRA, doc, 115 min, cor, 2018).

Shaft, de Gordon Parks (EUA, policial, 100 min, cor, 1971).

Simonal - Ninguém sabe o duro que eu dei, de Cláudio Manoel, Micael Langer e Calvito Leal. (Brasil, doc, 83 min, cor, 2009).

Wattstax, de Mel Stuart (EUA, doc, 103 min, cor, 1973).

Simonal, Leonardo Domingues (BRA, ficção, 105 min, cor, 2019)

Trem do Soul, Clementino Júnior. (BRA, doc, 83 min, cor, 2021)

Playlist by Dom Filó

ESSA LISTA PODE SER OUVIDA NO SPOTFY:
Black Rio nos anos 70
https://open.spotify.com/playlist/
1K5YHwQS9ihvvw96rLrVCn?
si=lChDIlr4TSSKf9X1sRp3SQ

O spiritual foi a base de tudo, a partir dos cânticos entoados nos campos de algodão pelos negros do Sul dos EUA durante a escravidão. O som, geralmente de lamento, e por vezes de alegria, uniu o canto às guitarras, originando o blues, depois o jazz, o rock e o soul, origem do rhythm&blues (r&b). Este último surgiu na década de 1950, significando "alma, sentimento". Na década seguinte, esse gênero embalou o movimento dos direitos civis dos negros americanos, que usaram as letras das canções para apresentar suas posturas e reivindicações. Entre os ícones desse movimento estavam intérpretes como Aretha Franklyn, James Brown, Stevie Wonder, Marvin Gaye, entre outros. Um de seus marcos foi o documentário *Wattstax* que mostrou ao mundo o poder da black music através de um festival realizado em Los Angeles, Califórnia. Do soul originaram-se várias vertentes, como o funk e o disco-funk, além de variações importantes, como o quiet storm e o New Jack Swing.

BAILE DO SHAFT

Aqui fala Dom Filó... É som... É soul... É Sucesso... É Soul Grand Prix...
O ano era 1972, oito da noite no bairro do Andaraí, Zona Norte da cidade do Rio de Janeiro. Os portões do Renascença Clube eram abertos para mais uma Noite do Shaft. Ao som de "Theme From Shaft", de Isaac Hayes, iniciava mais uma noite de magia, beleza, identidade e autoestima da comunidade jovem negra que chegava de vários pontos da cidade. Noite memorável ao som do melhor da black music.

PRIMEIRO SET

- Pink Floid: "Time", LP *The Dark Side of the Moon* - 1973 (Harvest)
- Donny Hathaway: "The Ghetto" (Part 1 & 2), *LP Soul Grand Prix* - 1976 (Atlantic)
- Notations: "Super People", LP *Soul Grand Prix* - 1978 (K-tel)
- Eddie Bo: "Hook and Sling"(Part 1 & 2), LP *Soul Grand Prix* - 1978 (K-tel)
- Kool & The Gang: "N.T.", LP *Soul Grand Prix* - 1976 (Top Tape)
- The Eliminators: "Get Satisfied", LP *Soul Grand Prix* - 1976 (Top Tape)
- Johnny K: "I'm Afraid Of The Dark", LP *Soul Grand Prix* -1976 (Top Tape)
- Bobbie Knight & The Universal Lady: "Ain't Nobody Better Than You", LP *Soul Grand Prix* - 1976 (Top Tape)

- Bobbie Bird: "I Need Help" (I Can't Do It Alone) (Part 1 & 2), LP *Soul Grand Prix* -1978 (K-tel)
- Sir Joe Quaterman & Free Soul: "(I Got) So Much Trouble In My Mind" (Part I & II), LP *Soul Grand Prix* -1978 (K-tel)

PISTA MÚSICA LENTA

- The Jimmy Castor Bunch: "I Don't Want To Lose You", *Soul Grand Prix* -1976 (Atlantic)
- Blue Magic: "Grateful", LP *Soul Grand Prix* -1976 (Atlantic)
- The Montclairs: "Make Up For Lost Time", LP *Soul Grand Prix* -1976 (Top Tape)
- Major Harris: "Love Won't Let Me Wait", LP *Shaft de Ouro* - 1977 (Atlantic)
- Blue Magic: "Sideshow", LP *Shaft de Ouro* - 1977 (Atlantic)
- Seals & Crofts: "Summer Breeze", LP *Shaft de Ouro* - 1977 (Atlantic)
- The Tower of Power: "So very Hard To Go", LP *Shaft de Ouro* - 1977 (Atlantic)

ÚLTIMO SET

- Fred Wesley and The Horny Horns: "Four Play", LP *Soul Grand Prix* - 1977 (Atlantic)
- Hot Stuff Band: "Juju Man", LP *Soul Grand Prix* -1976 (Atlantic)
- Eddie Harris: "It's All Right Now", LP *Soul Grand Prix* -1976 (Atlantic)
- Jean Knight: "Mr. Big Stuff", LP *Soul Grand Prix* -1978 (K-tel)
- Kool & The Gang: "Funky Granny", LP *Soul Grand Prix* -1976 (Top Tape)
- Bobby Byrd : "Heardquarters" (Augusta, GA.), LP *Soul Grand Prix* -1976 (Top Tape)
- General Crook: "Gimme Some" (Part 1 & 2), LP *Soul Grand Prix* -1978 (K-tel)
- United 8: "Getting Uptown" (To Get Down), LP *Scul Grand Prix* -1977 (Atlantic)
- Gene Chandler: "There Was A Time", LP *Soul Grand Prix* -1976 (Top Tape)
- The Jimmy Castor Bunch: "E-Man Boggie", LP *Shaft de Ouro* - 1977 (Atlantic)
- Curtis Mayfield: "Move On Up", LP *Shaft de Ouro* - 1977 (Atlantic)

André Diniz nasceu em Niterói há 52 anos. Doutor em Geografia Cultural pela Universidade Federal Fluminense, é professor de pós-graduação da Uni-Carioca e da FACHA. Escreveu vários livros sobre MPB, carnaval e cultura popular. Pela Numa Editora, lançou *Debaixo do mesmo céu* e os infanto-juvenis *Kalu* e *Pirulito* e tem no prelo o livro *Pixinguinha, um perfil biográfico* e uma biografia comemorativa dos 80 anos do sambista e escritor Nei Lopes, em parceria com Luiz Antônio Simas e Diogo Cunha.

COORDENAÇÃO
Artefato

EDIÇÃO
Adriana Maciel

PRODUÇÃO EDITORIAL
Marina Mendes

EDIÇÃO DE TEXTO
Juliana Lins

PESQUISA
Diogo Cunha

REVISÃO
Laryssa Fasolo

PROJETO GRÁFICO
Dupla Design

Dados Internacionais de Catalogação na Publicação (CIP) de acordo com ISBD

D585b Diniz, André

Black Rio nos anos 70: a grande África Soul / André Diniz. - Rio de Janeiro : Numa Editora, 2022.
224 p. : il. ; 16cm x 23cm.

Inclui bibliografia e anexo.
ISBN: 978-65-87249-55-1

1. Música. 2. Música popular brasileira. 3. Black Soul. 4. Black Rio. 5. Rio de Janeiro. 6. Década de 70. I. Título.

CDD 780
2022-1159 CDU 78

Elaborado por Vagner Rodolfo da Silva CRB-8/9410

Índice para catálogo sistemático:
1. Música 780
2. Música 78

EDITORA

contato@numaeditora.com
@numaeditora
numaeditora.com

DJ Neném
Acervo Zezzynho Andraddy

PRÓXIMAS PÁGS.
Fotos do Jubileu de Ouro do Soul
Madureira | 2019
(Paulo César Santos)
Acervo Paulo César Santos

Zezzynho Andraddy,
dançarino e fotógrafo

Jorge Luiz Batista,
o Jorge Brown

Pagodinho do Soul,
dançarino

Cássia Maria,
dançarina

Monica Silva,
a Moniquinha,
dançarina

Buzula, dançarino

Marta Sanches, a Martinha, dançarina

Aloisio Vaz,
o Steve,
dançarino

Dom Ronaldo Black,
dançarino